KÖNIGS ERLÄUTERUNGEN

Band 448

Textanalyse und Interpretation zu

Georg Büchner

LENZ

Rüdiger Bernhardt

Alle erforderlichen Infos für Abitur, Matura, Klausur und Referat
plus Musteraufgaben mit Lösungsansätzen

Zitierte Ausgabe:
Georg Büchner: *Lenz*. Studienausgabe mit Quellenanhang und Nachwort. Hrsg. v.
Hubert Gersch. Stuttgart: Reclam, 2012 (RUB Nr. 8210).

Über den Autor dieser Erläuterung:
Prof. Dr. sc. phil. Rüdiger Bernhardt lehrte neuere und neueste deutsche
sowie skandinavische Literatur an Universitäten des In- und Auslandes. Er
veröffentlichte u. a. Studien zur Literaturgeschichte und zur Antikerezeption,
Monografien zu Henrik Ibsen, Gerhart Hauptmann, August Strindberg und
Peter Hille, gab die Werke Ibsens, Peter Hilles, Hermann Conradis und anderer
sowie zahlreiche Schulbücher heraus. Von 1994 bis 2008 war er Vorsitzender
der Gerhart-Hauptmann-Stiftung Kloster auf Hiddensee. 1999 wurde er in die
Leibniz-Sozietät gewählt.

1. Auflage 2016
ISBN: 978-3-8044-2029-8
PDF: 978-3-8044-6029-4, EPUB: 978-3-8044-7029-3
© 2016 by Bange Verlag GmbH, 96142 Hollfeld
Alle Rechte vorbehalten!
Titelabbildung: Szene aus der Oper „Jakob Lenz" von Wolfgang Rihm am Hamp-
stead Theatre, London 2012 © ullstein bild – ArenaPAL / BURN Sisi
Druck und Weiterverarbeitung: Tiskárna Akcent, Vimperk

1. DAS WICHTIGSTE AUF EINEN BLICK – SCHNELLÜBERSICHT

Damit sich jeder Leser in diesem Band sofort zurechtfindet und das für ihn Interessante entdeckt, folgt hier eine Übersicht.

Im 2. Kapitel wird **Georg Büchners Leben** beschrieben und auf den zeitgeschichtlichen Hintergrund verwiesen:

⇨ S. 10 ff. → Georg Büchner lebte von **1813 bis 1837** im Großherzogtum Hessen-Darmstadt, in Straßburg, studierte Medizin und lehrte in Zürich, wirkte aber auch als politischer Vorkämpfer (*Der Hessische Landbote*) und Organisator (*Gesellschaft der Menschenrechte*).

⇨ S. 17 ff. → Die Völkerschlacht bei Leipzig 1813 änderte die europäischen Machtstrukturen. 1815 restaurierte der Wiener Kongress weitgehend die Verhältnisse vor der Französischen Revolution von 1789. Durch die Julirevolution 1830 in Frankreich begehrte das Bürgertum erneut gegen die restaurierte Herrschaft auf, Büchner reagierte auf die sozialen und politischen Verhältnisse mit revolutionären Vorstellungen.

⇨ S. 20 ff. → Er schrieb im Sinne des *Jungen Deutschland*, dessen Werke im Dezember 1835 verboten wurden. In dieser Zeit begann die industrielle Revolution; die Arbeiterklasse und ihre Organisationen entstanden. Das **Großherzogtum Hessen-Darmstadt** war zu Büchners Zeit ein rückständiger agrarischer Kleinstaat. Die sozialen Widersprüche brachen schroffer als in anderen Regionen auf, die Julirevolution von 1830 führte zu Bauernaufständen.

⇨ S. 23 f. → Die zeitgeschichtliche Situation wird in Büchners *Lenz* mittelbar deutlich.

Im dritten Kapitel wird eine Textanalyse und -interpretation geboten.

Lenz – Entstehung und Quellen:

Georg Büchners einziges Erzähl-Fragment *Lenz* entstand in der
arbeitsreichen Lebensphase zwischen 1835 und 1836, vermutlich
angeregt von dem Journalisten und Schriftsteller Karl Ferdinand
Gutzkow. Das Fragment beschreibt eine Episode aus dem Leben
des Sturm-und-Drang-Dichters J. M. R. Lenz. Grundlage war ein Bericht des elsässischen Pfarrers Oberlin; doch standen Büchner auch
andere Dokumente zur Verfügung. Büchner begegnete außerdem
Zeitzeugen.

⇨ S. 29 f.

Inhalt:

Die Erzählung berichtet über den Aufenthalt des Dichters Lenz im elsässischen Steintal. Lenz ist, bedrängt von einer psychischen Krise,
die sich in drohenden Bildern, Ängsten und Anfällen von Wahnsinn
äußert, und fliehend vor den Ansprüchen des Vaters, unterwegs
zu Pfarrer Oberlin, wohin ihn Freunde zur Besserung seines Zustandes geschickt haben. Er hofft, durch das Leben in natürlicher
Umgebung, unter einfachen Menschen und bei tätiger Arbeit zu
gesunden. Dazu bewegt er sich in der Region, lernt Menschen und
Verhältnisse kennen, predigt in Vertretung Oberlins und führt Gespräche über Kunst. Doch statt Besserung verschlimmert sich seine Verwirrung, es kommt zu Selbstmordversuchen. Er muss nach
Straßburg gebracht werden, „es war (…) eine entsetzliche Leere in
ihm" (31).

⇨ S. 35 ff.

Chronologie und Schauplätze:

Die Erzählung folgt chronologisch Lenz' Aufenthalt vom 20. Januar bis zum 8. Februar 1778 in Waldbach (Waldersbach) im Stein-

⇨ S. 40 f.

tal. Sie beschreibt die Begegnung Lenz', der durch Dramen bekannt geworden ist, mit der Familie Oberlins, mit Einheimischen aus der Umgebung. Schließlich führt der Besuch des zeitweiligen Vertrauten Christoph Kaufmann zu einem bemerkenswerten Gespräch über Kunst, ehe Lenz im Zustand hochgradiger Verwirrung nach Straßburg gebracht wird.

Personen:

Die Hauptpersonen der Erzählung sind:

⇨ S. 47 ff.

Jakob Michael Reinhold Lenz:
→ Dichter des Sturm und Drang,
→ zeitweise mit Goethe befreundet,
→ verfällt zunehmend in Depressionen und Wahnvorstellungen.

⇨ S. 49 ff.

Johann Friedrich Oberlin:
→ protestantischer Pfarrer,
→ Pädagoge und Sozialreformer,
→ bekannt für seine erzieherischen Erfolge.

⇨ S. 49 ff.

Magdalena Salome Oberlin:
→ erscheint Lenz als himmlische und irdische Mutter,
→ Lenz spricht mit ihr über das „Frauenzimmer" (Friederike Brion).

⇨ S. 51

Christoph Kaufmann:
→ Schweizer Publizist,
→ erfindet den Begriff „Sturm und Drang",
→ begeisterter Philanthrop.

Die „Leute":

⇨ S. 52 f.

→ Einwohner des Steintals,

→ arm und leidend, aber ruhig und freundlich,

→ auf Wunder hoffend.

Stil und Sprache Georg Büchners:

→ Neben berichtförmigen Passagen wird weitgehend der personale Erzählerbericht verwendet.

⇨ S. 70 f.

→ Andere Formen des personalen Erzählens (erlebte Rede) werden eingefügt und sind Ausdruck der gespaltenen Persönlichkeit
Lenz'.

→ Der Handlungsverlauf wird von Gegensätzen (Antonymen)
getragen.

→ Mittel wie Alliteration und Assonanzen tragen zur poetischen
Gestalt des Textes bei.

→ Büchners sachliche Sprache wird vorbildhaft im 20. Jahrhundert.

Rezeptionsgeschichte:

→ Die Erstveröffentlichung 1839 fand nur wenig Beachtung.

⇨ S. 92 ff.

→ Erst der Naturalismus wurde auf Büchners Erzählung aufmerksam.

→ Die Bedeutung von Büchners einziger Erzählung für die moderne Prosa kann kaum überschätzt werden.

→ Autoren von Gerhart Hauptmann bis Christa Wolf beriefen sich
auf Büchner.

→ Eine moderne *Lenz*-Adaption vor dem Hintergrund der Studentenbewegung veröffentlichte Peter Schneider 1973.

2.1 Biografie

2. GEORG BÜCHNER: LEBEN UND WERK

2.1 Biografie

Georg Büchner
(1813–1837)
© ullstein bild –
ullstein bild

JAHR	ORT	EREIGNIS	ALTER
1813	Goddelau (Groß-herzogtum Hessen-Darmstadt)	17. Oktober: Karl Georg Büchner wird als Sohn des Distriktarztes Ernst Karl B. und seiner Ehefrau Caroline Luise B. geboren. Georg Büchners Großväter waren ebenfalls Ärzte.	
1815		Schwester Mathilde geboren.	2
1816	Darmstadt	Übersiedlung nach Darmstadt: Vater wird Bezirksarzt und Großhrzl. Medizinalrat. Bruder Wilhelm geboren.	3
1819	Darmstadt	Erster Unterricht durch die Mutter bis 1820.	6
1821	Darmstadt	Zweite Schwester Luise, eine spätere Schriftstellerin, geboren. Aufnahme in die „Privat-Erziehungs- und Unterrichtsan-stalt".	8
1824	Darmstadt	Bruder Ludwig geboren (gest. 1899) (im 19. Jh. bekanntestes der sieben Geschwis-ter), mit seinem Buch *Kraft und Stoff* (1855) propagierte der praktische Arzt einen mechanischen Materialismus, der im Natu-ralismus einflussreich war.	11
1825	Darmstadt	Ostern: Aufnahme ins Großherzogliche Pädagog (Gymnasium): legte Wert auf Sprachkenntnisse. Lektüre u. a. Homer, Shakespeare, Goethe, Schiller, Jean Paul, Tieck, Calderon, Herder, Heine und Volks-poesie.	11
1827	Darmstadt	Jüngster Bruder Alexander geboren, revolu-tionärer Demokrat.	14

2.1 Biografie

JAHR	ORT	EREIGNIS	ALTER
1828	Darmstadt	Zirkel von Primanern, in dem religiöse, moralische und politische Fragen diskutiert wurden. Gedicht *Die Nacht*.	15
1829	Darmstadt	Herbst: Schulrede, dabei Fichtes *Reden an die deutsche Nation* verwendet, die zu B.s Lieblingslektüre gehörten.	16
1830	Darmstadt	27.–29. Juli: Julirevolution in Frankreich: B. und seine Freunde begrüßen sich mit *„Bon jour, citoyen!"* 29. September: Rede zur Schulabschlussfeier über *Verteidigung des Cato von Utika*: Büchner lobt den selbstlosen Einsatz eines republikanischen Römers, zieht ihn dem Herrscher Cäsar vor und meint das aktuell.	17
1831	Darmstadt Straßburg	März: Öffentliche Abiturrede, Reifezeugnis. Oktober: Medizinstudium bis Ende Juli 1833; wohnt bei dem verwandten protestantischen Pfarrer Jaeglé, Liebesverhältnis mit dessen Tochter Louise Wilhelmine (Minna). 9. November: Immatrikulation. 17. November: durch den Studienfreund Eugen Boeckel Kontakt zur Studentenverbindung „Eugenia" (eigentlich nur für Theologen). Mittelpunkt sind die Brüder Adolph und August Stoeber, mit denen sich Büchner befreundet. 4. Dezember: B. nimmt an einer begeisterten Kundgebung für polnische Generäle des gescheiterten Polen-Aufstands gegen Russland teil.	17 18
1832	Straßburg	März: heimliche Verlobung Büchners mit Minna; Büchner spricht mehrfach in „Eugenia": über Freiheit, die unhaltbaren gesellschaftlichen Zustände, die Gegensätze von Arm und Reich.	18
	Neustadt a.d. Weinstraße	27.–29. Mai: Hambacher Fest.	

2.1 Biografie

JAHR	ORT	EREIGNIS	ALTER
	Paris	Juni: republikanischer Volksaufstand unter der roten Fahne, die „Eugenia" wird politisiert.	
	Darmstadt	August–Oktober: Ferien in Darmstadt.	
	Straßburg	27. Oktober: Fortführung des Studiums.	19
1833	Frankfurt	3. April: Wachensturm in F., B.s Bekenntnis zum gewaltsamen Umsturz der Verhältnisse, nur nicht zum jetzigen Zeitpunkt. Bekanntschaft mit saint-simonistischem Prediger.	19
	Vogesen	Juni: Wanderung, Landschaft des *Lenz*.	
	Darmstadt	Ende Juli: Rückkehr ins Großherzogtum, um die gesetzlich vorgeschriebenen zwei Jahre an der Landesuniversität Gießen zu studieren.	
		Sommer: Besuch des „Eugenia"-Freundes Alexis Muston: Gespräche über den Saint-Simonismus und Utopien.	20
	Gießen	31. Oktober: Immatrikulation an der Universität Gießen; Interesse für Präparieren und vergleichende Anatomie.	
	Darmstadt	Ende November: Nach Hirnhautentzündung Rückkehr ins Elternhaus zur Genesung. 9. Dezember: B. ist erschüttert von den politischen Verhältnissen (Brief an August Stoeber).	
1834	Gießen	Januar: Fortsetzung des Studiums. B. lernt den „roten August" (August Becker) kennen, der B. zu dem Pfarrer Friedrich Ludwig Weidig (liberaler Oppositioneller und Haupt der politischen Flugschriften in Hessen) vermittelt. Februar: Beginn der psychischen Krise. Studiert die Geschichte der Französischen Revolution und fühlt sich „wie zernichtet unter dem grässlichen Fatalismus der Geschichte":	20

2.1   Biografie

JAHR	ORT	EREIGNIS	ALTER
		Um den 9.–12. März: *Fatalismusbrief* an Wilhelmine Jaeglé.	21
		Mitte März: Gründung der *Gesellschaft der Menschenrechte* (erste frühkommunistisch revolutionäre Vereinigung in Deutschland) durch B. Erarbeitet auf der Grundlage statistischer Angaben zu Hessen die Flugschrift *Der Hessische Landbote*, von Weidig entschärft. Überwindung der Krise.	
	Straßburg	Ca. 27.–30. März: B. trifft in Straßburg ein. Er informiert sich über „die Entwicklung des französischen Republikanismus und Kommunismus"[1].	
		30./31. März–Ostern: offizielle Verlobung mit Wilhelmine (Minna) Jaeglé.	
	Darmstadt	Mitte April: B. gründet eine Sektion der *Gesellschaft der Menschenrechte*.	
		28. April: Beginn des Sommersemesters.	
	Gießen	B. organisiert die Gießener *Gesellschaft der Menschenrechte* „als erste frühkommunistische Geheimgesellschaft in Deutschland"[2].	
	Ruine Badenburg (bei Gießen)	3. Juli: Gründungsversammlung des „Pressvereins" für die Volksagitation auf Betreiben Weidigs: Rahmenprogramm für Flugschriften.	
	Butzbach, Gießen u.a. Orte	Ende Juli: Der gedruckte *Hessische Landbote* wird verteilt.	
	Gießen	1. August: Verhaftung Karl Minnigerodes (1814–1894; Studienfreund B.s) mit Exemplaren des *Landboten*.	
	Butzbach	B. warnt seine Mitstreiter. 5. August: Der drohenden eigenen Verhaftung entgeht B. durch resolutes Auftreten und ein fingiertes Alibi.	

--- --- ---

1   T. M. Mayer, *Georg Büchner. Eine kurze Chronik zu Leben und Werk*, S. 376.
2   Ebd., S. 378.

2.1 Biografie

JAHR	ORT	EREIGNIS	ALTER
	Gießen	September: Vom *Landboten* wird im November eine 2. Auflage gedruckt.	
	Darmstadt	September: Besuch Minna Jaeglés. B. bereitet sich auf das Examen vor. Oktober/Dezember: intensive Beschäftigung mit der Französischen Revolution. Herbst: politische Arbeit in der *Gesellschaft der Menschenrechte*, die Waffenübungen für die Befreiung Minnigerodes organisiert.[3]	
1835	Darmstadt	Januar/Februar: Konspirative Tätigkeit, gerichtliche Vorladungen, Arbeit an *Dantons Tod*, Manuskript an Karl Gutzkow gesandt.	21
	Straßburg	März: Flucht vor der drohenden Verhaftung über die französische Grenze ins Exil; er meldet sich als Jacques Lucius bei den Behörden und wohnt vermutlich wieder bei Jaeglés. Freundschaft mit Wilhelm und Caroline Schulz beginnt und dauert bis zu B.s Tod. **12. Mai: Gutzkow erwähnt in einem Brief an Büchner dessen „Novelle *Lenz*" (erscheint in Fortsetzungen im *Telegraph für Deutschland* (Januar 1839).**	
	Frankfurt	18. Juni: Steckbrief Büchners erscheint; er übersetzt Dramen Victor Hugos. 11. Juli: *Dantons Tod* erscheint.	
	Straßburg	November/Dezember: Pläne für Untersuchung über das Nervensystem der Barben (*Mémoire*), ein Beitrag zur Evolutionstheorie.[4]	

---

3 Vgl. ebd., S. 387.
4 Zur gleichen Zeit liefen seit 1831 die Forschungen Darwins (1809–1882) zur Evolutionstheorie, die er aber erst später publizierte.

2.1 Biografie

JAHR	ORT	EREIGNIS	ALTER
1836	Straßburg	April/Mai: Die Ergebnisse der Untersuchung werden vor der Société d'histoire naturelle de Strasbourg präsentiert, die Sociéte ernennt ihn zum Mitglied, die Universität Zürich promoviert ihn zum philosophischen Doktor. Philosophsche Studien und Arbeit an der Probevorlesung zur Vorbereitung auf die Lehrtätigkeit in Zürich. Juni: Arbeit an *Leonce und Lena*. Juli: Beginn der Arbeit am *Woyzeck*. Vorarbeiten zu einem verschollenen Drama: *Pietro Aretino*. Sommer: Die Mutter und Schwester Mathilde besuchen B.	22
	Zürich	3. September: Die Universität Zürich verleiht Büchner die „philosophische Doktorwürde" für sein *Mémoire*. Arbeit am *Woyzeck*. 18. Oktober: Nach manchen Schwierigkeiten bei der Visaerteilung Übersiedlung nach Zürich. Begegnung mit deutschen Exilanten u. a. Wilhelm Schulz. 5. November: Probevorlesung *Über Schädelnerven*. Privatdozent. Hält Kolleg *Zootomische Demonstrationen*.	23
1837	Zürich	Januar: Büchner kündigt drei Dramen an (*Leonce und Lena, Woyzeck, Pietro Aretino*). Typhus, Bewusstseinstrübungen. 19. Februar: Tod in Anwesenheit von Wilhelmine Jaeglé; zwei Tage später Beerdigung unter großer Teilnahme auf dem „Krautgarten"-Friedhof der Gemeinde Großmünster.	23

2.1 Biografie

JAHR	ORT	EREIGNIS	ALTER
1875	Zürich	Überführung der Gebeine auf den Germaniahügel am Zürichberghang. Auf dem Grabstein stehen Georg Herweghs Verse: „Ein unvollendet Lied sinkt er ins Grab,/ Der Verse schönsten nimmt er mit hinab." (1841)	
1923		Der Georg-Büchner-Preis (seit 1951 in eimen allgemeinen Literaturpreis umgewandelt) wird erstmals verliehen.	
1968		Der nach *Leonce und Lena* benannte Preis für junge deutschsprachige Lyrik wird erstmals verliehen.	
1997	Goddelau	Im Geburtshaus B.s wird ein Museum eröffnet.	

2.2   Zeitgeschichtlicher Hintergrund

ZUSAMMEN-
FASSUNG

→ Zur Zeit der Entstehung, 1835, kam es zu einem Attentatsversuch auf den französischen König in Paris; die Tat beschäftigte seinerzeit die Schriftsteller.

→ In Büchners Erzählung kreuzen sich verschiedene Zeitabschnitte: die Biografie des Dichters Lenz aus dem Sturm und Drang um 1770 sowie Erfahrungen des Dichters Georg Büchner mit der Zeit nach 1815 wie der Julirevolution von 1830, den Versuchen der politischen Restauration und das Verbot der Publikationen des Jungen Deutschland vom 14. November 1835 in Preußen (dann am 10. Dezember 1835 durch den Deutschen Bundestag in Frankfurt a. M.).

→ Die Dichter Lenz und Büchner brachten kunsttheoretische Ansichten ins Gespräch, die Ausdruck politischer und sozialer Zeitverhältnisse waren. Sie berühren auch ästhetische Positionen der Klassik, der Romantik und des Realismus.

Ein gescheitertes Attentat und die Folgen

An der Erzählung *Lenz* schrieb Georg Büchner wahrscheinlich vom Frühjahr bis Herbst 1835. Der Grund für den Abbruch des Schreibens war, dass die als Publikationsort vorgesehene Zeitschrift *Deutsche Revue* – sie war als Zeitschrift des Jungen Deutschland geplant – bereits vor der ersten Nummer am 1. Dezember 1835 verboten worden war. Noch einmal wurde die Erzählung von Karl Gutzkow in einem Brief am 6. Februar 1836 erwähnt.

Die Zeitschrift
Deutsche Revue

2.2 Zeitgeschichtlicher Hintergrund

Das gescheiterte Attentat auf Louis-Philippe I.

Büchner hielt sich in dieser Zeit in Straßburg auf, wohin er geflohen war, und nahm die politischen Ereignisse sorgfältig zur Kenntnis. Anfang August 1835 informierte er seine Familie über das die Zeitgenossen beschäftigende Attentat Giuseppe Fieschis (1790–1836): Der gebürtige Korse, der für Napoleon gekämpft hatte, beging den Anschlag auf König Louis-Philippe I. am 28. Juli 1835, dem Jahrestag der Julirevolution von 1830, mit einer „Höllenmaschine in Paris"[5]. Die Tat misslang, Fieschi wurde am 19. Februar 1836 hingerichtet. Büchner erkannte die Möglichkeit, die damit die Reaktion in die Hand bekam, um die Pressegesetze zu verschärfen. Insgesamt ordnete er die Reaktionen in die restaurativen Versuche ein, „wie die absoluten Mächte alles wieder in die alte Unordnung zu bringen suchen, Polen, Italien, Deutschland wieder unter den Füßen – es fehlt nur noch Frankreich (…)"[6].

Ernst Ortlepps
Fieschi

Das Attentat beschäftigte auch andere Schriftsteller: Im Oktober 1835 wurde *Fieschi, ein poetisches Nachtstück* von Ernst Ortlepp[7] auf Anweisung Metternichs, parallel zu den Schriften des Jungen Deutschland, verboten. Büchner wird keine Möglichkeit gehabt haben, Ortlepps Poem zu lesen. Aber es entstand eine auffällige Parallelität: Sowohl Büchners Lenz als auch Ortlepps Fieschi sind historische Gestalten, sie werden von ihren Schöpfern als Psychopathen hingestellt, die in eigenen Welten leben, einsam sind, der Hölle näher als dem Himmel, und deren Leiden nicht im Metaphysischen, sondern in der sozialen Wirklichkeit begründet sind. Auch Ortlepp und Büchner reagierten mit Rückzug aus ihrem gesellschaftlichen und sozialen Umfeld. Beide sahen ihre Figuren sympto-

---

5   Brief Büchners an die Familie von Anfang August 1835. In: Büchner, *Werke und Briefe*, S. 424.
6   Ebd., S. 425.
7   Vgl. Ernst Ortlepp: *Fieschi. Ein poetisches Nachtstück*. Kritisch durchgesehen, neu herausgegeben und mit Nachbemerkungen versehen von Roland Rittig und Rüdiger Ziemann. Halle a. d. Saale: Verlag Janos Stekovics, 2001.

2.2   Zeitgeschichtlicher Hintergrund

matisch in Nacht oder Dämmerung: Ortlepp folgte seinem Fieschi ins Gefängnis: „Malt Bilder sich, nur sich allein, / Umbrannt von blutigrotem Schein"[8], Büchner seinem Lenz in die Abgeschiedenheit Waldbachs: „(...) er wollte mit sich sprechen, aber er konnte, er wagte kaum zu atmen" (6). Die **Zeit der enttäuschten Hoffnungen und des drohenden Rückfalls in die Vergangenheit** wirkte sich als psychische Belastung für das sozial engagierte und geistig aktive Individuum aus und führte zu entsprechenden literarischen Gestalten. Die Bedrohung durch Wahnsinn hat „Büchner (und nicht nur er allein) als ein Zeitsymptom aufgefasst"[9].

Vom Sturm und Drang zum Vormärz

Welche „alte Unordnung" war es, die Büchner wiederkommen sah? Der **Wiener Kongress** vor 1815 hatte die absolutistischen Machtverhältnisse nach der Niederlage Napoleons in der Völkerschlacht bei Leipzig 1813 – Georg Büchners Geburtstag fiel auf den 17. Oktober, einen Tag dieser Schlacht – wiederherzustellen versucht. Doch blieben Ideen aus dem Befreiungskrieg von 1813 wie die von einem deutschen Nationalstaat, von sozialer und politischer Befreiung und einem bürgerlichen Selbstverständnis, gefördert durch den von Napoleon eingeführten *Code civil*, erhalten. Die **Julirevolution in Frankreich 1830** und andere Ereignisse wie der polnische Befreiungskampf 1830 gegen Russland – dessen Auswirkungen Büchner im Dezember 1831 in Straßburg erlebte[10] – führten zu einer explo-

Restauration 1815

---

8   Ebd., S. 5.
9   Poschmann, S. 176.
10 Büchner berichtete seinen Eltern am 4. Dezember 1831 über den Einzug des polnischen Generals Ramorino, der nach Frankreich geflohen war, und schloss seinen Brief mit dem Verweis auf „Polens Freiheitsfahne", in die sich die Trauerfahne verwandeln werde. Dass er dabei den Begriff „Komödie" verwendete, gehörte zur Vorsicht, mit der er den Eltern von seinen Erlebnissen und Aktivitäten berichtete. Büchner, *Werke und Briefe*, S. 386.

2.2   Zeitgeschichtlicher Hintergrund

siven Situation, die zu Aufständen und Kämpfen, auch zu revolutionären Bewegungen führte.

Ähnlichkeiten zwischen den Epochen

Büchners Zeit um 1830 ähnelte der vor der Französischen Revolution von 1789: Der bürgerliche **Sturm und Drang** war um 1770 eine literarische Revolution. Er drängte auf sozialen Ausgleich zwischen Armen und Reichen, auf eine tiefe Naturverbundenheit, auf individuelle Freiheit und vertrat pantheistische Religionsauffassungen. Das **literarische Werk von Jakob Michael Reinhold Lenz** (1751–1792) entstand ausnahmslos in dieser Epoche, er wurde einer der wichtigsten Repräsentanten des Sturm und Drang. Von dieser Zeit führte eine Entwicklung über das Junge Deutschland (zu Büchners Zeit) und zu den Realisten des Vormärz; einzelne Merkmale weisen auf die Romantik, ohne dass Büchner jedoch ein romantischer Dichter gewesen wäre.[11] Büchners Erzählung wirkte dann seit dem deutschen Naturalismus (um 1878 bis 1892) nachhaltig und führte schließlich bis zu Bertolt Brechts Bearbeitung des *Hofmeisters* von Lenz (1950) und Peter Schneiders Erzählung *Lenz* (1973).

Zwischen Revolution und Fatalismus

J. M. R. Lenz als Büchners Sprachrohr

Geschrieben wurde *Lenz* 1835 in der Zeit des Jungen Deutschland (1830–1848); Schriftsteller dieser Bewegung orientierten sich am Sturm und Drang und hoben sich dadurch von der klassischen Literatur und der Literatur der Romantik ab. Büchner machte Lenz zum Sprachrohr ästhetischer Ansichten, die ihn beschäftigten und die auch Ausdruck seiner politischen Haltung waren. Die ausführlich erörterten Kunstansichten in Büchners Erzählung sind Ausdruck von Büchners Zeitverständnis. Sie deuteten mit ihren sozialen und

---

11   Der Ansicht, es handele sich bei Büchners Erzählung um ein Werk der Romantik (Kurzke, S. 311; Martin, S. 228), wird hier nicht gefolgt (vgl. S. 83 ff. dieser Erläuterung).

2.2 Zeitgeschichtlicher Hintergrund

politischen Akzenten bereits auf den deutschen Naturalismus nach 1878 voraus, der wie Büchners Lenz neben dem Schönen auch das Hässliche zum Gegenstand der Kunst erklärte: „(…) wir haben dann nicht zu fragen, ob es schön, oo es hässlich ist, das Gefühl, dass was geschaffen sei, Leben habe, stehe über diesen beiden, und sei das einzige Kriterium in Kunstsachen" (14). Der Satz könnte vom **naturalistischen Theoretiker Conrad Alberti** um 1885 sein. Bei Alberti hieß es ein halbes Jahrhundert später, der „Begriff des Hässlichen" verschwinde, weil „nichts hässlich sein kann, was der Geist der Natur beseelt (…)"[12]. Büchner legte die Worte fünfzig Jahre früher seinem Lenz in den Mund, der sie bereits 1778 gesagt haben soll. Beide Ansichten verweisen auf **ein Weltbild, das seine Grundlage in der Natur suchte** und deren Idealisierung widersprach; der Mensch werde demnach allein von Natur und Geschichte determiniert.

Vorwegnahme naturalistischer Prinzipien

Das Verhältnis der menschlichen Geschichte zur Natur war seit der Aufklärung ein bevorzugtes Thema, aus dem Schiller sogar unterschiedliche Dichtungskonzeptionen ableitete: die naive und die sentimentalische Dichtung. Büchner ging ebenfalls historischen Gesetzmäßigkeiten nach, ausgelöst durch sein Studium der Französischen Revolution im Februar/März 1834. Er kam zu der Einschätzung: „Ich fühlte mich wie zernichtet unter dem grässlichen Fatalismus der Geschichte"[13]. Büchner verzweifelte, weil nach der Revolution und nach Napoleon die feudal-absolutistische Struktur mit dem mit ihr verbundenen sozialen Elend noch einmal wiedererstanden. Aber so verzweifelt Büchner auch war, er forderte weiterhin die revolutionäre Handlung, die den für ihn entscheidenden **Widerspruch zwischen Reichen und Armen** – den später

Verhältnis von Geschichte und Natur

Forderung nach Revolution

---

12 Conrad Alberti: *Der moderne Realismus in der deutschen Literatur und die Grenzen seiner Berechtigung.* Hamburg: Verlagsanstalt und Druckerei (vorm. J. F. Fischer), 1889, S. 20.
13 Büchner, *Werke und Briefe*, S. 395.

2.2 Zeitgeschichtlicher Hintergrund

vom Sozialismus aufgeworfenen Widerspruch zwischen Arbeiterklasse und Bourgeoisie ahnte Büchner allenfalls – lösen sollte. Er sprach in seinen Briefen von „Hass"[14] und dass er „jeden Abend zum Hanf[15] und zu den Laternen"[16] bete, Symbole der Revolution bzw. eines gewaltsamen Umsturzes. Im *Nachruf* in der *Züricher Zeitung* vom 23. Februar 1837 ging sein enger Freund **Wilhelm Schulz** (1797–1860) auf Büchners Fatalismus ein:

> „Ein Feind jeder töricht unbesonnenen Handlung, die zu keinem günstigen Erfolge führen konnte, hasste er doch jenen tatenlosen Liberalismus, der sich mit seinem Gewissen und seinem Volke durch leere Phrasen abzufinden sucht, und war zu jedem Schritte bereit, den ihm die Rücksicht auf das Wohl seines Volkes zu gebieten schien."[17]

Die Zeit nach der Julirevolution von 1830

Büchners Erzählung *Lenz* gehört in die Zeit nach der Julirevolution von 1830 in Frankreich, die gegen Reaktion und Restauration nach 1815 gerichtet war. Wiener Kongress 1815 und Heilige Allianz waren aus Sicht Büchners Hindernisse auf dem Weg in ein modernes Europa; deshalb war die Julirevolution samt den sich anschließenden Erhebungen in Belgien, Polen und Deutschland, hier unter anderem 1830 auch in Hessen, ein Impuls des Widerstands gegen die Reaktion. Dabei ging es um den Sturz der wiederhergestellten absolutistischen Ordnung und um die Lösung sozialer Konflikte, die durch die industrielle Revolution aufgebrochen waren. Parallel dazu kam es auch zu Aufständen der verunsicherten

---

14 Brief an die Familie vom Februar 1834. In: Büchner, *Werke und Briefe*, S. 399.
15 Gemeint ist der Strick.
16 Brief an August Stoeber vom 9. Dezember 1833. In: Büchner, *Werke und Briefe*, S. 397.
17 *Wilhelm Schulz' Nachruf.* In: Büchner, *Werke und Briefe*, S. 621.

2.2 Zeitgeschichtlicher Hintergrund

Bauernschaft. Die Gegner des Systems Metternichs bekamen Hoffnung, die allerdings schnell zusammenzubrechen drohte, wie der Fehlschlag des Frankfurter Wachensturms (3. April 1833)[18] und die mangelhafte Wirkung von Büchners *Hessischem Landboten* (1834) zeigte.

Soziale Verhältnisse sind in Büchners *Lenz* in einigen Wendungen zu erkennen („dieses von materiellen Bedürfnissen gequälte Sein", 11). Sie schlugen sich außerdem in Erfahrungen nieder, die Büchner seiner Hauptfigur zubilligte: Der selbstgestellte Auftrag, die Welt vom Leid und der Ungerechtigkeit zu erlösen, ist gescheitert, für Lenz wie für Büchner, der mit dem *Hessischen Landboten* Veränderungen, also Bewegungen zu einer revolutionären Neugestaltung mit entsprechender Lösungen, auslösen wollte. Von Gott war keine hoffnungsvolle Hilfe zu erwarten, nur „Leiden sei mein Gottesdienst" (11) singt die Gemeinde am Schluss von Lenz' Predigt. Das „praktische Leben" (9), Arbeit, geschah in Kärglichkeit und Armut. Die Kunst der Zeit war „idealistisch" geworden und hatte keinen Raum für die realen Lebensumstände; die von Lenz/Büchner entworfene Ästhetik war – noch – nicht aktuell. Dieser „Riss" durch „die Welt, die er hatte nutzen wollen" (27), spaltete auch Lenz. Seine einzige Möglichkeit war das Schreiben; mit Recht lässt Büchner ihn im Kunstgespräch seine Stücke *Der Hofmeister* (1774) und *Soldaten* (1776) anführen, in denen er gegen die „schmählichste Verachtung der menschlichen Natur" (14) angetreten sei. Beide Werke waren Thesenstücke zur Sozialkritik. Büchner konnte ein knappes halbes Jahrhundert später feststellen, dass sich seit Lenz wenig an den Verhältnissen geändert hatte und dieser „Riss" unverändert vorhanden war. Aus Lenz' „Riss" von 1778 war der Riss

Der soziale Hintergrund der Erzählung

Lenz „Riss" wurde zu Büchners „Riss"

---

18 Dabei versuchten etwa 100 Aufständische, darunter viele Burschenschafter, durch einen Überfall auf Haupt- und Konstablerwache in Frankfurt am Main eine deutschlandweite Revolution auszulösen.

2.2   Zeitgeschichtlicher Hintergrund

Büchners von 1834 geworden als Folge unerfüllter Hoffnung auf den *Hessischen Landboten*.

J. M. R. Lenz und sein Aufenthalt bei Oberlin im Jahr 1778

Zeitweilige Freundschaft mit Goethe

Büchners Erzählung nutzt eine Episode der Biografie Jakob Michael Reinhold Lenz' aus dem Jahr 1778. Lenz[19] war 1771 nach Straßburg gekommen, in das Zentrum der Stürmer und Dränger. Zwei Monate, Juni und Juli, hielten sich Goethe und er gemeinsam in der Stadt auf, eine Freundschaft entstand, die 1775 nochmals bestätigt wurde, ehe Lenz bei seinem Besuch in Weimar 1776 eine (unbekannte) „Eseley" beging, die zu seiner Ausweisung aus dem Herzogtum führte. Als **Goethe** 1779 auf dem Weg in die Schweiz die von ihm verlassene und von Lenz unerwidert geliebte Friederike Brion (24,19) besucht hatte, gab er in einer autobiografischen Notiz eine distanzierte Bewertung von **Lenz' Beziehung zu Friederike Brion** (1752–1813) im Jahre 1772, die Lenz' Aufenthalt 1778 in Waldersbach zu reflektieren scheint:

> „Er hatte sich indessen nach seiner gewöhnlichen Weise verliebt in sie gestellt, weil er glaubte, das sei der einzige Weg, hinter die Geheimnisse der Mädchen zu kommen; und da sie, nunmehr gewarnt, scheu, seine Besuche ablehnt und sich mehr zurückzieht, so treibt er es bis zu den lächerlichsten Demonstrationen des Selbstmords, da man ihn denn für halbtoll erklären und nach der Stadt schaffen kann. Sie klärt mich über die Absicht auf, die er gehabt, mir zu schaden und mich in der öffentlichen Meinung und sonst zugrunde zu richten (...)"[20].

---

19   Vgl. zum Folgenden auch S. 48 dieser Erläuterung.
20   Goethe: [*Besuch in Sesenheim 1779*]. In: Ders.: Poetische Werke. Berliner Ausgabe. Berlin und Weimar: Aufbau-Verlag, 1964, Bd. 16, S. 393 f., zuerst durch Eckermann 1837 unter dem Titel *Lenz* veröffentlicht.

2.2 Zeitgeschichtlicher Hintergrund

Friederike Brion war posthum berühmt geworden, weil 1831 August Stoeber ihre Beziehung mit Lenz vom Sommer 1772 veröffentlicht hatte und sie nach Goethes Abschied und Lenz' Leidenschaft zeitlebens unverheiratet blieb. Sie war zur Legende, ihre Lebensorte waren touristisches Ziel geworden. In seiner Erzählung lässt Büchner Lenz vom „Frauenzimmer" sprechen, dessen „Schicksal (ihm) so zentnerschwer auf dem Herzen" liege (20), und es bedurfte für das zeitgenössische Publikum keiner Erklärung, wer gemeint war.

Friederike Brion

Lenz hielt sich vom 20. Januar bis zum 8. Februar 1778 in Waldersbach bei dem Pfarrer Johann Friedrich Oberlin (1740–1826) auf, der später über Lenz' Aufenthalt einen Bericht verfasste. Lenz litt unter psychisch krisenhaften Zuständen, wahnhaften Vorstellungen und Träumen, die er in Waldersbach mit kalten Bädern zu bekämpfen versuchte, die aber Selbstmordversuchen ähnelten. Sein Zustand besserte sich, sodass er zu seelsorgerischer Arbeit fähig wurde. Die religiösen Fantasien verstärkten sich aber durch die Begegnung mit mystisch-geheimnisvollen Vorgängen im Steintal: Erweckungsvorgänge, Beschwörungen und naturmythische Aktionen wie geheimnisvolle Wassersuche. Lenz' Melancholie, zu jener Zeit als eine frühe Form des Wahnsinns betrachtet, verstärkte sich unter diesen religiösen Einflüssen.

Die der Erzählung zugrunde liegende Episode in Lenzens Leben

2.3 Angaben und Erläuterungen zu wesentlichen Werken

ZUSAMMEN-FASSUNG

Büchners Werke, in dem kurzen Zeitraum von 1834 bis 1837 entstanden, sind formal und gattungsspezifisch unterschiedlich, kreisen aber um ähnliche Themen, die sie miteinander in Beziehung setzen und zu einem Gesamtbild der bürgerlichen Gesellschaft am Beginn der Moderne werden lassen: revolutionäre Bewegungen und soziale Ziele, Eintritt neuer Klassen in die Geschichte und Untergang des Absolutismus, gegensätzliche Kunstprogrammatik.

Der Hessische Landbote

1834 ***Der Hessische Landbote*** (Flugschrift) ist ein Programm der gesellschaftlichen Veränderung. Die Flugschrift ist das erste politische gedruckte Dokument des Dichters, in dem er seine sozialen Ansichten fixierte und damit den Freundeskreis und den Geheimbund *Gesellschaft der Menschenrechte* begeisterte, aber auch erschreckte. Das Dokument ist ohne die Französische Revolution von 1789 und die Julirevolution von 1830 nicht zu denken.

Dantons Tod

1835 ***Dantons Tod***: veröffentlicht vom 26. März bis 7. April im *Phönix*. Das Stück ist das Ergebnis von Büchners historischen Studien, der politischen Begabung und seiner Sprachgewalt. Das Drama entstand infolge der Enttäuschungen Büchners über den politischen Misserfolg des *Hessischen Landboten*. Büchner verarbeitete als Erster die Französische Revolution von 1789 und das Scheitern der sozialen Ziele in dramatischer Form.

Woyzeck

1836 entstand ***Woyzeck***, einige Szenen wurden 1875 veröffentlicht, das gesamte Fragment 1878: Die Bedeutung des Stücks liegt in den sozialen Fragestellungen, in seinem Inhalt, seiner Form. Fas-

2.3 Angaben und Erläuterungen zu wesentlichen Werken

DAS VERHÄLTNIS DER WERKE GEORG BÜCHNERS ZUEINANDER

Hessischer Landbote 1834	Dantons Tod 1835	Woyzeck 1836	Leonce und Lena 1836	Lenz 1835
politisches Dokument	politisches Drama	soziales Drama	Lustspiel	Künstlererzäh- lung, theoreti- sches Manifest
soziale Konflikte der Landbevölke- rung	historische Kon- flikte, Endphase der Franz. Revo- lution von 1789	Determination und Selbst- bestimmung	Endphase des Absolutismus	ästhetische und kunsttheoretische Fragen
Mensch als gesellschaftliches Wesen	Mensch als politisches und historisches Wesen	Mensch als soziales Wesen	Mensch im sinnlosen Leben	Mensch als Künstler
Flugblatt, Programmschrift	historisches Drama	soziales Drama	Lustspiel	Erzählung

ziniert waren Publikum und Kritik von dem Verfasser, der sich als
Revolutionär erwies und auf einen Proletarier aufmerksam geworden war.

1836 entstand *Leonce und Lena* im Umfeld des *Woyzeck*,   *Leonce und Lena*
veröffentlicht 1838. Büchners Heiterkeit ist aggressiv und aus
„Hass" gegen die Aristokratie geboren. Er schrieb an seine Familie, sein Spott sei „nicht der der Verachtung, sondern der des
Hasses"[21]. Er glaubte aber zu seiner Zeit nicht „im Entferntesten
(…) an die Möglichkeit einer politischen Umwälzung"[22], so sehr
er sie für notwendig hielt, und machte das zum Thema eines iro-
nischen, manchmal sogar zynischen Stückes: Die Langeweile, bei
Büchners Lenz Ausdruck der Krankheit und Teil seiner Melancho-

---

21 Brief an die Familie vom Februar 1834. In: Büchner, *Werke und Briefe*, S. 399.
22 Brief an den Bruder Wilhelm Büchner vom Juli 1835. In: ebd., S. 418.

lie, wird zur Staatsdoktrin erhoben. Sie beherrscht auch Lenz in einem sinnlos gewordenen Leben (24). In einem Brief an Gutzkow erklärte Büchner die Langeweile für die entscheidende Eigenschaft der „abgelebten modernen Gesellschaft", deren Leben nur daraus bestehe, „sich die entsetzlichste Langeweile zu vertreiben". Nur ihren Tod könne diese Gesellschaft noch als Neues erleben. Dass nur ein nichtlangweiliges Leben ein sinnvolles Leben sei, war eine von Büchners Grundansichten, mehrfach in Briefen vorgetragen.[23]

Die Texte ergeben trotz ihres teilweise fragmentarischen Charakters insgesamt eine materialistische und dialektische Beschreibung und Analyse der bürgerlichen Gesellschaft am Beginn der Moderne.

---

23 So an Boeckel vom 1. Juni 1836, vgl. ebd., S. 437.

3.   TEXTANALYSE UND -INTERPRETATION

3.1 Entstehung und Quellen

→ Die Unklarheiten über das ursprüngliche, aber verscholle-
   ne Manuskript sind groß. Das Interesse Büchners für den
   Sturm-und-Drang-Dichter Lenz begann wahrscheinlich
   bereits in seiner Schulzeit und wurde fortgeführt während
   der Straßburg-Aufenthalte, hatte aber die entscheidende
   Phase zwischen 1835/36.

→ In seinem Freundeskreis fand er Material wie den Bericht
   des evangelischen Pfarrers Oberlins und lernte Zeitzeugen aus dessen Umfeld kennen. Büchners Herkunft aus
   einer Arztfamilie machte ihn für extreme psychische
   Zustände, wie er sie bei Lenz schildert, empfänglich.
   Seine umfangreiche Lektüre einschlägiger Werke, sowohl literarischer als auch medizinischer Natur, schuf
   Voraussetzungen für das eigene Schaffen.

Überlieferungsgeschichte

Die Entstehungsgeschichte der Erzählung ist nur in Umrissen bekannt. Um die Schwierigkeiten ihrer Darstellung anzudeuten, sei
vorausgeschickt: Eine Erzählung oder Novelle mit dem Titel *Lenz*
von Georg Büchner gibt es nicht. Es gibt eine von Büchners Förderer
Karl Gutzkow veranlasste Veröffentlichung von 1839, für die er die
Abschrift eines fragmentarischen Originalmanuskriptes Büchners
durch Büchners Verlobte **Wilhelmine Jaeglé** zur Verfügung hatte; diesem Text gab Gutzkow den Titel *Lenz*. Originalmanuskript
und Abschrift sind heute verschollen; allein die Veröffentlichung

Originalmanuskript
verschollen

3.1 Entstehung und Quellen

durch Gutzkow hat den Text überliefert. Spätere Ausgaben des *Lenz* vernachlässigten diese Publikation und nahmen Ludwig Büchners Fassung von 1850, der den „Text nach eigenem Gutdünken" bearbeitet hatte. Nach 1981 (Internationales Georg Büchner Symposium) setzte sich die von **Hubert Gersch** hergestellte Fassung, nach der in vorliegendem Kommentar zitiert wird, auf der Grundlage der Gutzkow'schen Veröffentlichung durch.

Diese Situation hat dazu geführt, dass in der Forschung allein um die Textsituation unterschiedliche und teils nicht mehr nachvollziehbare Standpunkte bezogen wurden[24], auf die hier nicht eingegangen werden kann.

Büchners Lenz-Rezeption

Büchners Straßburger Aufenthalte

Wahrscheinlich haben Schicksal und Dichtung des unglücklichen Sturm-und-Drang-Dichters Lenz Büchner schon in der Schulzeit beschäftigt. Dabei sollte nicht übersehen werden, dass Büchner durch seine Herkunft aus einer Arztfamilie für abnorme psychische Zustände, wie er sie bei Lenz schildert, vorbereitet war. Der Großvater mütterlicherseits **Johann Georg Reuß** (1757–1815) war Verwalter einer Irrenanstalt und zeitweise der Vorgesetzte von Büchners Vater. Georg Büchner dürfte auch während seiner Straßburger Aufenthalte 1831 bis 1833, 1834 und 1835 bis 1836 von Lenz gehört haben, denn Straßburgs Ruhm als Zentrum der Sturm-und-Drang-Bewegung war zur Zeit Büchners noch nicht verblasst. Der Sturm und Drang in Straßburg war u. a. von Rousseaus Ideal des natürlichen Menschen und einer entsprechenden Zivilisationskritik beeinflusst, Ideen, die sich bei Büchner später wiederfinden. In der Studentenverbindung „Eugenia" lernte Büchner die Brüder

---

24   Vgl. Hinderer, S. 65–69; Borgards u. Neumeyer, S. 53 f.

3.1   Entstehung und Quellen

August (1808–1884) und Adolph (1810–1892) Stoeber[25] kennen, die sich auf die Tradition der Stürmer und Dränger beriefen, wenn es um die Sammlung von Volksliedern, Sagen und volkstümlichem sprachlichen Material ging. Beide erwarben sich durch ihre literarische Tätigkeit große Verdienste, deutsche Traditionen im Elsass zu erhalten. Deren Vater Daniel Ehrenfried Stoeber (1779–1835) hatte eine Biografie des weithin bekannten Pfarrers und Sozialreformer Johann Friedrich Oberlin (*Vie de J. F. Oberlin*, Straßburg 1831), der als Patriarch in seiner Gemeinde wirkte, geschrieben und darin Lenz mit dem Dichter Tasso[26] verglichen. Oberlin hinterließ einen unveröffentlichten Bericht über Lenz' Aufenthalt im Steintal. Eine Abschrift davon bekam Georg Büchner von seinem Freund August Stoeber 1835 geschenkt; er empfahl seinerseits 1835 Stoebers Gedichte an Karl Gutzkow zur Rezension („[…] sollten Sie nichts Günstiges darüber zu sagen wissen, so bitte ich Sie, lieber zu schweigen."[27]). Ludwig Tiecks dreibändige Ausgabe *Lenz' gesammelte Schriften* von 1828, die erste Werkausgabe für Lenz, lernte Büchner durch die Stoebers kennen, die sie ihm zur Verfügung gestellt hatten, er fand sie möglicherweise auch „im Vaterhaus"[28] vor. Als Büchner im März 1834 seiner Braut einen tröstenden Liebesbrief schickte, zitierte er aus „einem alten Wiegengesang": Es war Lenz' *Die Liebe auf dem Lande*, der erste Beleg für Büchners Kenntnis des Werkes von Lenz; er verwendete es „in bruchloser Identifizierung mit Lenzens Gefühlswelt"[29]. Das Gedicht widmete sich ironisch, teils spöttisch ohne Namensnennung der Trennung

Die Stoebers als Vermittler

Oberlins Bericht

Tiecks Lenz-Ausgabe

---

25   Es finden sich beide Schreibweisen: Stöber (bei den Zeitgenossen und in alten Lexika) und Stoeber (in der modernen Büchner-Forschung)

26   Torquato Tasso (1544–1595) litt unter Intrigen seiner Konkurrenten, aber auch unter seiner unausgeglichenen Haltung zur katholischen Kirche und einer ausbrechenden Geisteskrankheit. Goethe verarbeitete dessen Schicksal in *Torquato Tasso* (1790).

27   In: Büchner, *Werke und Briefe*, S. 429.

28   Mayer, *Das unglückliche Bewußtsein*, S. 134.

29   Mayer, *Georg Büchner und seine Zeit*, S. 262.

3.1 Entstehung und Quellen

Goethes von Friederike Brion, Partei nehmend für Friederike. Es kann 1772, als Lenz Friederike kennenlernte, oder 1776 bei Lenz' Besuch Goethes in Weimar entstanden sein. Lenz schenkte Goethe das Gedicht, es war nicht gerade eine Freundesgabe. Bei Büchner bekam es eine autobiografische Funktion, auf die der Bruder Ludwig Büchner im Vorwort hinwies („verwandte Seelenzustände [...] und halb und halb des Dichters eigenes Porträt"), als er 1850 Georg Büchners Werke herausgab. – Die Beziehung zwischen Lenz und Büchner ist intensiver, als die Erzählung *Lenz* vermuten lässt: Es gibt Figurenentsprechungen zwischen Lenz' *Die Soldaten* und Büchners *Woyzeck,* theoretische Ansichten von Lenz kehren bei Büchner wieder, nicht nur im Kunstgespräch des *Lenz*; Büchners nachdrückliches Bekenntnis zu Shakespeare hat Entsprechungen bei Lenz usw.

Voraussetzungen, Lektüren, Quellen

Georg Büchner geriet bei einer Wanderung durch die Vogesen in das Umfeld Oberlins und damit Lenz', denn in St. Dié trafen er und die ihn begleitenden Freunde auf den Pfarrer Rauscher, einen Enkel Oberlins, dessen Vater Oberlins Schwiegersohn war.

Gutzkow als Anreger

Den Anstoß zu der Erzählung gab möglicherweise Gutzkow, der für die Zeit nach der Veröffentlichung von *Dantons Tod* Büchner am 3. März 1835 weitere Dichtungen erbat und dabei auf Übersetzungen zu verzichten riet, „an Originale machen Sie sich"[30] (7. April 1835). Gutzkow drängte auf einen Stoff wie *Lenz*, gleichgültig in welcher Form, und wenn nicht als Novelle möglich, wie von ihm erhofft, dann als *Erinnerungen an Lenz*. Das kam seinem Bedürfnis nach einem gewissen Enthüllungsjournalismus entgegen. Eine Dreiecksgeschichte zwischen Goethe, Friederike und Lenz schien

---

30 Zitiert nach: Büchner, *Werke und Briefe*, S. 550.

3.1 Entstehung und Quellen

geeignet; Gutzkow erwähnte das Thema in einem Brief an Büchner: „Schrieben Sie mir nicht, dass Lenz Goethes Stelle bei Friederiken vertrat. Was Goethe von ihm in Straßburg erzählt, die Art, wie er eine ihm in Kommission gegebene Geliebte zu schützen suchte, ist an sich schon ein sehr geeigneter Stoff."[31] (6. Februar 1836)

Zu Büchners Lektüre, die Einfluss auf *Lenz* gehabt haben könnte, gehörten **Tiecks Novellenfragment *Aufruhr in den Cevennen* (1826)**; Büchner soll es gemeinsam mit seiner Verlobten gelesen haben[32], und Tieck wurde für ihn „Ideensteinbruch, Bilderreservoir, Zitatfundgrube"[33]. Weitere Lektüren waren Victor Hugos Roman *Der Glöckner von Notre-Dame* (*Notre-Dame de Paris*, 1831)[34] und selbst ein Text aus der Trivialliteratur, *Le Pasteur Oberlin* von Paul Merlin[35], in dem „im stofflichen Kern auf die Geschichte des J. M. R. Lenz vom Anfang des Jahres 1778" (82) zurückgegangen wird. Die Reihe ließe sich fortsetzen, kann aber durch die Feststellung ersetzt werden: Der philosophisch interessierte, naturwissenschaftlich orientierte und literarisch ambitionierte Georg Büchner nahm zeitgenössische Publikationen auf, die sein Interesse weckten. Es waren außergewöhnlich viele. In Anbetracht seines kurzen Lebens und der wenigen Zeit, die ihm zu Studium, politischem Wirken und für die ausgeprägten privaten Interessen zur Verfügung stand, war seine Lektüre überwältigend umfangreich.

Auch für *Lenz* griff Büchner wie in allen seinen Werken auf vorhandenes Material zurück, in dem die Handlung vorgezeichnet war. *Lenz*' wesentliche Quelle war der Bericht Oberlins. Büch-

Büchners Lektüren

Oberlins Bericht

---

31 Zitiert nach: Büchner, *Werke und Briefe*, S. 561 f.
32 Nach Ludwig Büchner, vgl. Schaub, S. 40.
33 Hauschild, *Georg Büchner*, S. 430.
34 Ebd., S. 503.
35 Vgl. dazu die Dokumente in der zitierten *Lenz*-Ausgabe im Reclam Verlag (Universal-Bibliothek Nr. 8210), S. 58 ff., S. 81 ff.

3.1 Entstehung und Quellen

ners Text wurde ca. zwei Drittel umfangreicher als Oberlins Vorlage. – Am 10. Dezember verbot die Deutsche Bundesversammlung die Veröffentlichung der Schriften des Jungen Deutschland, das traf Gutzkow, Heinrich Laube, Heinrich Heine ebenso wie Ludolf Wienbarg. Büchner stellte die Arbeit ein; die Erzählung *Lenz* blieb in der Folge Fragment. Sie setzt Kenntnisse von Lenz' Leben, der Entstehungsgeschichte der Erzählung und dem Inhalt voraus, kann allerdings auch lediglich als Beschreibung eines Künstlerschicksals gelesen werden.

Interesse für psychisch erkrankte Menschen

Neben den literarischen Quellen und dem Wissen um Biografie und Schaffen von J. M. R. Lenz' sind die **naturwissenschaftlichen Quellen** Büchners mindestens anzudeuten, obwohl diese nur schwer zu erschließen sind. Hier waren die ärztliche Familientradition ebenso wirksam geworden wie Büchners naturwissenschaftliche und medizinische Studien sowie sein Interesse für psychologische Fälle; neben Lenz wurde Woyzeck ein solcher Fall. Oberlins Bericht war in erster Linie eine Rechtfertigung, warum der bekannte Pfarrer einen psychisch kranken Menschen in seine seelsorgerische Betreuung einbezogen hatte, zumal er erst, als er unterwegs zur Hochzeit von Kaufmann war, vom Zustand des Besuchers erfuhr. – Oberlin, der sich auch als Patriarch seiner Gemeinde beeinträchtigt sah, erklärte Lenz' Erkrankung mit einem fehlerhaften moralischen Verhalten, nach ihm waren es „Folgen seines Ungehorsams gegen seinen Vater, seiner herumschweifenden Lebensart, seiner unzweckmäßigen Beschäftigungen, seines häufigen Umgangs mit Frauenzimmern" (47). Diese Erklärung konnte Büchner, der in Lenz zuerst den Dichter der Dramen *Der Hofmeister* und *Die Soldaten* sah, nicht befriedigen. Für ihn wurde es eine Fallbeschreibung einer schizophrenen Erkrankung infolge sozialer Deformationen, mit der er der entsprechenden Forschung um Jahre voraus war.

3.2 Inhaltsangabe

ZUSAMMEN-
FASSUNG

Der Dichter des Sturm und Drang J. M. R. Lenz befindet sich in
einer psychischen Krise und wird bedrängt von drohenden
Bildern, Ängsten und Anfällen von Wahnsinn; er ist unterwegs nach Waldbach ins Steintal (Vogesen) zu Pfarrer Oberlin, bei dem er – empfohlen von Freunden – aufgenommen
und betreut werden soll. Durch das Leben in natürlicher Umgebung, unter einfachen Menschen und bei tätiger Arbeit
möchte er gesunden: Er bewegt sich in der Region, lernt
Menschen und Verhältnisse kennen, predigt in Vertretung
und führt Gespräche über Kunst. Doch statt Besserung verschlimmert sich seine psychische Verwirrung und er muss
unter Aufsicht nach Straßburg gebracht werden, „(…) es war
aber eine entsetzliche Leere in ihm (…) So lebte er hin." (31)

Die Erzählung beginnt: „Den 20. [Januar 1778, R. B.] ging Lenz
durchs Gebirg" (5). Das Wetter ist unangenehm, die Wanderung
scheint planlos, der Wanderer gleichgültig. Lenz ist auf dem Weg
nach Waldbach zu dem Pfarrer Oberlin; ein Freund (7; Christoph
Kaufmann) hat ihn empfohlen. Die unwirtliche Landschaft und ein
winterlich kaltes Nebelwetter entsprechen seinem Zustand, der zwischen Wachen und Träumen, Nüchternheit und Wahnsinn, Gleichgültigkeit und Angst schwankt. Er findet im Dorf Frieden und Geborgenheit. Oberlin weiß bei Nennung des Namens „Lenz", dass er
den bekannten Dichter vor sich hat. Als Lenz allein im „Zimmer im
Schulhause" (7) ist, überfallen ihn erneut Angst und Leere, „wie auf
dem Berg" (7). Er stürzt aus dem Haus und sich in einen Brunnen,
Selbstmordversuch oder Abkühlung? Er kommt wieder zu sich.

Ankunft in
Waldbach

3.2 Inhaltsangabe

Lenz (Markus
Meyer) stürzt sich
in einen Brunnen –
Salzburger Fest-
spiele 2012
© picture al-
liance/APA/
picturedesk.com

Ruhe durch
praktische Arbeit

Am nächsten Tag begleitet er Oberlin bei seiner seelsorgerischen
Betreuung der Talbewohner und in der praktischen Arbeit. Dabei
findet er Ruhe und die Harmonie zwischen Mensch und Natur: „Es
wirkte alles wohltätig und beruhigend auf ihn (...)" (9). Mit Ein-
bruch der Dunkelheit kommt die Angst wieder. Er versucht, ihr
mit „Stellen aus Shakespeare" (9) zu begegnen, stürzt sich erneut
ins Wasser, doch lebt er sich in den nächsten Tagen ein. Er versucht, eine himmlische Begegnung, die Oberlin „auf der Höhe"
(10) hatte, zu wiederholen, und meint, der Schatten seiner Mutter

3.2 Inhaltsangabe

müsse hervortreten. Aus der entstandenen Hoffnung heraus – „ein
heimliches Weihnachtsgefühl" (10) – bittet er Oberlin, predigen zu
dürfen. Er tröstet die Gemeinde, bringt „über einige müdgeweinte   Lenz darf
Augen Schlaf, und gequälten Herzen Ruhe" (11). Er gelangt zu ei-   predigen
ner brüchig-gefährlichen Ruhe, „alles war ruhig und still und kalt"
(12). – Oberlin erzählt Lenz von geheimnisvollen Vorgängen im
Gebirge. Lenz entwickelt zur Erklärung ein naturmythisches philo-
sophisches Prinzip, das zeitgenössisch populär war. Oberlin, ganz
in seiner Rolle als Patriarch, bricht die Überlegungen ab, die ihn
„von seiner einfachen Art" (13) ablenken. Ein anderes Mal zeigt
er Lenz „Farbentäfelchen" (13) mit einer Symbolik, die die zwölf
Apostel repräsentiere.

Kaufmann, ein Freund Lenz', „der ihn an so vieles erinnerte"   Gespräch mit
(13), und seine Braut (Elise Ziegler) kommen zu Besuch. Lenz fühlt   Kaufmann über
sich gestört, doch kommt es zwischen beiden zu einem Kunst- und   Kunst
Literaturgespräch. Während Kaufmann ein Anhänger der „idealis-
tische(n) Periode" (14) ist – gemeint ist die beginnende Klassik –,
vertritt Lenz Positionen des Sturm und Drang: Die Welt solle in der
Kunst nicht verschönert werden, sondern die Kunst habe die Aufgabe, die göttliche Schöpfung „ein wenig nachzuschaffen" (14), ohne
zu fragen, „ob es schön, ob es hässlich ist" (14). – Kaufmann über-
mittelt erfolglos Lenz den dringenden Wunsch des Vaters, Lenz
solle nach Livland zurückkommen, und reist ab. Oberlin schließt
sich an, um Lavater kennenlernen. Lenz begleitet Oberlin bis an den
Rand des Gebirges. Auf dem Rückweg kommt er zu einer Hütte, ein
krankes Mädchen wird von einem alten Weib und einem Mann „mit   Das kranke
unruhigem, verwirrtem Gesicht" (18) betreut. Am Morgen erfährt   Mädchen
Lenz, dass er bei einem vermeintlichen Heiligen übernachtet hat.
Zurück in Waldbach findet er in Oberlins Frau Magdalena Salomé
eine Gesprächspartnerin und fragt sie eines Tages nach dem „Frauenzimmer" (20), Friederike Brion, ihr Name fällt erst später (24).

3.2 Inhaltsangabe

Die Erinnerung an Friederike treibt seine Verwirrung voran; Lenz sieht sich bedroht: „o ich ersticke!" (21), und auch vom Himmel verlassen.

Die misslungene Erweckung

Nach der Nachricht von einem verstorbenen Kind macht er sich auf, um das Kind – es heißt ausgerechnet ebenfalls Friederike, wie Oberlin in seinem Bericht mitteilt (38) – wiederzuerwecken. Die Erweckung – mit der er sich blasphemisch an die Stelle Jesus' setzt – misslingt. Lenz flieht ins Gebirge, er lästert Gott. Der „Atheismus" (22) siegt und bringt ihn zu nüchterner Vernunft, „ganz sicher und ruhig und fest" (22). Er fühlt sich jedoch am „Abgrund" (22). – Oberlin kommt früher als erwartet heim und ermahnt Lenz, dem Wunsch des Vaters zu folgen und heimzukehren. Dazu stellt er das Beispiel des Schriftstellers Pfeffels vor, um das eigene Beispiel mit einem zweiten zu ergänzen und das Leben eines Landgeistlichen zu preisen. Lenz, der sich als „der Ewige Jude" (23) fühlt, interessiert sich nur für Friederike: „sie liebte mich – ich liebte sie (...) sie liebte noch einen andern" (23). Gemeint ist Goethe.[36] Da Lenz sich in seiner Verwirrung für Friederikes Mörder hält, soll Oberlin ihn geißeln. Der lehnt ab und verweist auf Jesus, der sich für die Sünden der Menschen geopfert habe. In einem nächtlichen Anfall ruft Lenz nach Friederike und stürzt sich mehrfach in den Brunnen. – Am nächsten Tag bleibt er „ruhig und unbeweglich" im Bett – inzwischen im Pfarrhaus wohnend, wohin er seit Kaufmanns Besuch umgezogen ist – und klagt über „Langeweile" (24). Die Verwirrtheit nimmt zu. Der Schulmeister von Bellefosse wird von Oberlin zur Aufsicht gebeten. Mehrmals begleitet er Lenz an das Grab des Kindes, das er „hatte erwecken wollen" (25). Lenz entkommt seinem Begleiter und dessen Brüdern, gibt sich als Mörder aus, wird auf

Lenz lästert Gott

---

36 Oberlin wusste aber nichts von diesem Hintergrund; er lernte Friederike erst Ende der 1780er-Jahre kennen.

3.2 Inhaltsangabe

sein Verlangen hin gefesselt und nach Waldbach zurückgebracht. Trotz scheinbarer Beruhigung wird der Zustand von Lenz „immer trostloser" (27); seine Welt „hatte einen ungeheuern Riss" (27). Leere, Unruhe, Einsamkeit und Angst beherrschen ihn; er reagiert mit den „wahnwitzigsten Possen" (28). Oberlin empfindet Mitleid, seine Familie betet für den „Unglücklichen", die Mägde halten ihn für einen „Besessenen" (29). Seine Selbstmordversuche sind offenbar nicht ernst gemeint. Lenz hört eine „entsetzliche Stimme" (30) statt der Stille. Nach einem nicht näher beschriebenen Zwischenfall[37] – es „platzte etwas im Hof mit so starkem Schall" (30) – wird Lenz nach Straßburg gebracht. Er legt ein letztes Mal „den Weg durchs Gebirg zurück" (30) und kehrt ins Tal zurück. Der Kreis schließt sich.

„Ein ungeheurer Riss"

---

37 In Oberlins Bericht „platzte etwas im Hof mit so starkem Schall" und die Magd meint, es sei Lenz gewesen. Das erweist sich als Irrtum (43 f.)

3.3 Aufbau

ZUSAMMEN-FASSUNG

→ Der zeitgenössische jungdeutsche Gebrauch von „Novelle" entsprach nicht der heute üblichen Gattungsbezeichnung, Büchner sprach auch von „Aufsatz".

→ Ausgehend von Oberlins Bericht, der über weite Strecken zu erkennen ist, wird personal der Erzählerbericht verwendet, in den andere Formen des personalen Erzählens (erlebte Rede) eingefügt werden, zu denen scheinbar auktorial erzählte Reste gehören.

→ Der Text gliedert sich in zwei Teile, die sprachlich ähnlich eröffnet werden, jedoch gegensätzlich angelegt sind.

Aufsatz, Novelle oder Erzählung?

Streit um Bezeichnung

Der Streit[38] um die Bezeichnung des Textes – Aufsatz, Erzählung oder Novelle – begann mit dem Erscheinen und dauert bis heute. Zuerst ist festzustellen: Büchners Text ist ein Fragment, auch wenn das bei der Lektüre kaum auffällt. Überlegungen, ob Büchner die gegen Ende des Textes häufiger werdenden wörtlichen Übernahmen von Oberlin noch verändert hätte[39], sind Spekulation. Auch das oft diskutierte Ende „So lebte er hin." (31) ist mehr geniale Lösung, als dass es Weiterarbeit signalisierte.[40] Der **Fragmentcharakter** fällt insgesamt wenig ins Gewicht.

---

38 Über diesen Streit informiert Bo Ullmann: Da diese Schrift schwer zugänglich ist, wurde ein Auszug in den Teil „Materialien" (s. S. 114 dieser Erläuterung) übernommen.
39 Vgl. Neuhuber, *Georg Büchner. Das literarische Werk*, S. 86 f.
40 Der Druck in Büchner, *Werke und Briefe*, S. 117, lässt dem Satz drei Punkte folgen („So lebte er hin …"), die an eine Fortführung mindestens denken lassen. Allerdings stammen diese Punkte nicht von Georg, sondern von Ludwig Büchner in der Ausgabe von 1850.

3.3   Aufbau

Büchner nannte seinen Text im Oktober 1835 **„Aufsatz"**, vorgesehen für die *Deutsche Revue*[41] (vgl. S. 17 dieser Erläuterung), obwohl Gutzkow den Text eine Novelle genannte hatte: In einem Brief hoffte er auf die „Novelle *Lenz*", die „den gestrandeten Poeten zum Vorwurf haben"[42] (12. Mai 1835) solle. Der Text besteht aus Passagen Büchners und Auszügen aus dem Bericht Oberlins[43], der selbst wiederum keine gattungstheoretischen Überlegungen angestellt hatte. Daraus entstand das vermeintlich Rätselhafte des Textes, vor dem die Leser des Textes bewundernd stehen. **Büchners Prinzip** in seinen Werken war, Dokument und Dichtung, Wirklichkeit und Fiktion, Bericht und Deutung zu vereinigen – wie auch in *Dantons Tod* und später im *Woyzeck*. Auch die Gattungsbezeichnung „Künstlernovelle" greift zu kurz, geht es doch nur bedingt um „die Ansprüche, Kämpfe und Niederlagen der Sturm-und-Drang-Bewegung"[44], von denen im Text kaum zu hören ist. Dafür kann die Erzählung als autobiografische Spiegelung Büchners gelesen werden. Schließlich sind Lenz und der Sturm und Drang Projektionsflächen, auf die das Schicksal von Intellektuellen um 1830 und die soziale Vereinsamung, Entfremdung und Selbstentfremdung als gesellschaftliche Erscheinungen projiziert werden. In Büchners Fatalismus-Begriff als synonym für Selbstentfremdung steckt die Herrschaft der geschichtlichen Gesetzmäßigkeiten über die menschliche freie Willensentscheidung.

Das Verständnis für den Begriff „Novelle" stammte aus dem Umkreis Georg Büchners und entsprach dem zeitgenössischen Um-

Vereinigung von Dokument und Dichtung

Lenz als Projektionsfläche

„Novelle' um 1835

---

41 Vgl. Brief an die Familie vom Oktober 1835. In: Büchner, *Werke und Briefe*, S. 427.
42 In: Büchner, *Werke und Briefe*, S. 552.
43 Eine Gegenüberstellung beider Anteile findet sich in Georg Büchner: *Sämtliche Werke und Briefe*. Historisch-kritische Ausgabe mit Kommentar. Hrsg. von Werner R. Lehmann, 1. Bd.: Hamburg (Hamburger Ausgabe): Wegner, 1967, S. 435–483, auch in München: Hanser, 1971.
44 Hauschild, *Georg Büchner*, S. 499.

3.3 Aufbau

gang mit dem Gattungsbegriff. Auch August Stoeber, der Freund,
bezeichnete Büchners Text so. Geht man von den Novellenbestim-
mungen aus, die von Goethe (eine „sich ereignete unerhörte Bege-
benheit", Goethe zu Eckermann am 25. 1. 1827) stammte, so sind
zwar solche Ereignisse im Text angedeutet, bekommen aber kaum
eine tragende Funktion. Büchner folgte der inneren Zerrüttung von
Lenz.

Novelle bedeutete für die Schriftsteller des Jungen Deutschland
um 1835 **ein Genre, das vor allem Unterhaltungsansprüche bedie-
nen sollte**. Deshalb waren die Texte oft mit amourösen Abenteuern
gespickt, mit Geheimnissen und Wundern. Dieser Texttyp wurde
schließlich in der Unterhaltungsliteratur ausgeweitet durch die No-
vellen und Noveletten der *Gartenlaube* (seit 1853). Auch Gutzkow als
erfahrener Herausgeber und Redakteur verstand unter „Novelle"
eine gut verkäufliche und ein breites Publikum erreichende Literatur. Als sich Gutzkow und Büchner über die „Novelle" *Lenz* brieflich
berieten, empfahl Gutzkow:

„Treiben Sie wie ich den Schmuggelhandel der Freiheit: Wein
verhüllt in Novellenstroh, nichts in seinem natürlichen Gewande:
ich glaube, man nützt so mehr, als wenn man blind in Gewehre
läuft, die keineswegs blind geladen sind."[45] (17. März 1835)

Nach Poschmann versteht es „sich beinahe von selbst, dass es zum
exzeptionellen Status von *Lenz* gehört, keine ‚Novelle' zu sein."[46]

---

45 Zitiert nach: Büchner, *Werke und Briefe*, S. 549.
46 Poschmann, S. 174.

3.3 Aufbau

Erzählsituation

Die Erzählsituation ist vorwiegend personal: Die Organisation des
Textes wird nicht von einem allwissenden Erzähler (auktorial) und
auch nicht vom Betroffenen selbst (Ich-Erzählsituation) vorgenom-
men, sondern die Handlung wird vom Betroffenen erlebt und emp-
funden und als Bericht geboten. Schließlich entstand der Text nach
einem Bericht, dem gegenüber Büchner präzise Angaben (Orte,
Zeiten) gelöscht hat. Der **Unterschied zwischen der Vorlage von
Oberlin und Büchners Text** ist trotz wörtlicher Übereinstimmun-
gen erheblich: Oberlins Vorlage wertet und beschreibt, kommentiert und interpretiert Lenzens Verhaltensweisen und ihn betref-
fende Vorkommnisse. Büchners Text verwendet nichts Derartiges,
sondern bleibt konsequent bei der Person Lenz'. Bei Büchner heißt
es: „(…) er sprang auf, er lief durchs Zimmer, die Treppe hinunter,
vors Haus (…) er stürzte sich in den Brunnstein, aber das Wasser war
nicht tief, er patschte darin." (Erzählerbericht, 8) Oberlin beschrieb
den gleichen Vorgang: „Eine Menge Gedanken durchdrangen sich
in meinem Kopf. Vielleicht. dachte ich, ist er ein Nachtwandler und
hatte das Unglück in die Brunnbütte zu stürzen." (innerer Monolog, 36)

Die Wirklichkeit Büchners erscheint objektiv, ihre Brechungen
bzw. metaphorischen Überlagerungen kommen aus der betroffenen Person Lenz, deren Horizont selten überschritten wird. Man-
che Interpreten wollen einen „häufigen Wechsel zwischen moderner personaler und traditioneller auktorialer Erzählsituation" entdeckt haben, um dann „schon Merkmale des inneren Monologes"
zu finden – als wäre der innere Monolog keine personale Erzählsituation –, aber der Text verlässt kaum die Perspektive Lenz'. Der
Leser muss ihm folgen. Im personalen Erzählen und dem vorherr-
schenden Erzählerbericht fallen spezifische Formen wie die erlebte
Rede (als spezifische Form des personalen Erzählens) auf („… er

Vorwiegend personal

Erlebte Rede

3.3 Aufbau

Nur scheinbar Reste auktorialen Erzählens

begriff nicht ...", „... er meinte" ... 5), die die **Innenwelt Lenz'** bietet. Auktoriales Erzählen scheint nur in Resten aufzutreten: „... nur war es ihm manchmal unangenehm ..." (5). Das wirkt auktorial – ein Erzähler weiß, wie es seiner Figur „war" – und lässt an Franz Kafkas *Die Verwandlung* denken, wo sich zu Beginn ein einziges Mal ein Erzähler einschaltet, um das Interieur zu erklären: „... – Samsa war Reisender – ...". Dieser Rest bei Büchner ist aber nur auf den ersten Blick auktorial, er gehört zum personalen Erzählen, da er aus dem anderen Teil der **in Ich und Nicht-Ich gespaltenen Persönlichkeit** stammt. Sein Lenz fühlt sich als das Ich und als sein Gegensatz, eine von Büchner mehrfach verwendete Konstruktion: Sein Prinz Leonce (*Leonce und Lena*) möchte zu Beginn sich „einmal auf den Kopf sehen", das wäre eines seiner Ideale. Er wiederholt es kurz darauf: „O, wer einmal jemand anders sein könnte! Nur 'ne Minute lang." Auch er möchte sein Ich von einem Nicht-Ich betrachten können, das er selbst sein möchte.

Die äußeren Vorgänge spielen nur eine zweitrangige Rolle; der Dichter bezog sie aus dem (teils wortgetreu genutzten) Bericht Oberlins, in dem die Handlung angelegt war. Es kam Büchner nicht auf die „Fabel" an, sondern auf deren Analyse, nicht auf das Handlungsgerüst, sondern auf die psychische Wirkung der Vorgänge. Poetische Erfindung war Büchners Sache nicht, scharfsinnige Analyse eines vorgefundenen Schicksals oder Problems standen im Vordergrund. Auf für ihn uninteressante Handlungsteile verzichtete er: Lenz erschien bei Oberlin als ein Verwundeter – er hatte sich im Gebirge den Fuß verletzt (45) –, für Büchner spielte das keine Rolle. Lenz' Verbringung nach Straßburg nimmt in Oberlins Bericht ein Drittel des Textes ein (46–50), bei Büchner sind es nur wenige Sätze (30 f.).

3.3 Aufbau

Zweiteilige Struktur

Der Text ist deutlich in zwei Teile geschieden; diese beiden Teile werden ähnlich eröffnet: Der eine beschreibt Lenz' Ankunft in Waldbach und die Zeit mit Oberlin (5–17), der andere die Zeit ohne Oberlin, die zunehmende Verwirrung – die auch nicht durch Oberlins Rückkehr vergeht – und den Abschied von Waldbach (17–31). Die Eröffnungen beider Teile (5, 17) sind ähnlich, auch die Situationen: die Ankunft in Hütten (7, 18). Die Inhalte der Teile sind gegensätzlich: Die Hütten bei Lenz' Ankunft strahlen „Licht" (7) aus, das von „ruhige(n), stille(n) Gesichter(n)" (7) der Mädchen kommt; das Licht der späteren Hütte (18) zeigt „das bleiche Gesicht eines Mädchens" (18), das psychisch krank ist.

Ähnliche Eröffnungen

ZWEITEILIGE STRUKTUR DER ERZÄHLUNG

Teil I	Teil II
Ankunft in Waldbach, Zeit mit Oberlin	Zeit ohne Oberlin, zunehmende Verwirrung, Oberlins Rückkehr, Abschied
Eröffnung: Ankunft in Hütten (7)	Eröffnung: Ankunft in Hütten (18)
„Licht" (7), „ruhige, stille Gesichter" (7)	„das bleiche Gesicht eines Mädchens" (18)

Andere Erläuterungen sprechen von einer Dreiteilung (‚die Zeit vor Oberlins Abwesenheit – die Zeit seiner Abwesenheit – Geschehen nach Oberlins Rückkehr'[47]) oder wollen

> „fünf größere Teile (…) voneinander unterscheiden: 1. Die Wanderung durchs Gebirge bis zur Ankunft in Waldersbach; 2. Die Aufnahme bei Oberlin, das Leben in seiner Nähe bis zum so-

---

47 Jan Thorn-Prikker: *Revolutionär ohne Revolution.* Interpretationen der Werke Georg Büchners. Stuttgart: Klett-Cotta, 1978, S. 59.

3.3 Aufbau

genannten ‚Kunstgespräch' (...); 3. Oberlin geht mit Kaufmann in die Schweiz, und Lenz bleibt ‚allein' zurück (...); 4. Oberlin kommt aus der Schweiz zurück und Lenz fühlt sich von ihm ‚verstoßen' (...); 5. der Abtransport nach Straßburg (...)."[48]

Beide Einteilungen wie auch andere erscheinen nicht schlüssig, denn es geht um den Gegensatz von Ankunft und Trennung.

Der „ungeheure Riss"

Für Lenz zerfällt seine Umgebung in **unvereinbare Gegensätze** und wird zum „ungeheuern Riss": Das ist ein typischer Begriff für die Beschreibung der zerfallenden Welt des wirren Lenz. Der „Riss" ist auch Büchners Begriff für unversöhnliche Gegensätze: In einem Brief lehnt er eine Reformierung durch Bildung ab, denn: „Sie werden nie über den Riss zwischen der gebildeten und ungebildeten Gesellschaft hinauskommen."[49] In *Dantons Tod* verwendet Thomas Payne (1737–1809) das Bild: „Das ist der Fels des Atheismus. Das leiseste Zucken des Schmerzes, und rege es sich nur in einem Atom, macht einen Riss in der Schöpfung von oben bis unten." (*Dantons Tod*, 3. Akt, 1. Szene) Der „Riss" ist die Metapher für den Zweifel an der Schöpfung und den Verlust der Frömmigkeit; dadurch steht der Mensch in einer neuen Verantwortung, der des Atheismus, mit dem er sich neu, d. h. materialistisch bestimmen kann. Lenz spürt den Verlust, hat aber „*nichts*" (27) an seine Stelle zu setzen. Das Gegenbild zum „Riss" ist der „Regenbogen" (10). Schon die Mystiker Jakob Böhme und Angelus Silesius verwendeten die Metapher, und noch heute ist sie präsent: Der Lyriker und Theologe Christian Lehnert (geb. 1969) veröffentlichte in seinem Gedichtband *Windzüge* (2015) ein Epigramm, dessen erster Vers lautet: „Der Gott, den es nicht gibt, in mir ein dunkler Riss".

----

48 Hinderer, S. 97 f. (Waldersbach heißt in Büchners Text „Waldbach".)
49 Brief an Gutzkow von 1836. In: Büchner, *Werke und Briefe*, S. 434.

4 REZEPTIONS-
   GESCHICHTE
5 MATERIALIEN
6 PRÜFUNGS-
   AUFGABEN

3.4 Personenkonstellation und Charakteristiken

3.4 Personenkonstellation und Charakteristiken

ZUSAMMEN-
FASSUNG

Vier Personen sind für die Handlung wichtig, wobei Kaufmann im Grunde nur Anlass zum Kunstgespräch ist. Die Personen repräsentieren drei Haltungen: die der Sozialreform,
die des Sturm und Drang – als Voraussetzung der Moderne –
und die der Klassik:

→ Jakob Michael Reinhold Lenz (1751–1792) – Dichter
  des Sturm und Drang, zeitweise mit Goethe befreundet;
→ Johann Friedrich Oberlin (1740–1826) und seine Frau
  Magdalena Salome – protestantisches Pfarrerehepaar,
  Pädagogen, Sozialreformer;
→ Christoph Kaufmann (1753–1795) – schwärmerisch-idea-
  listischer Schweizer Schriftsteller und Publizist, gleichzeitig begeisterter Philanthrop; heiratete 1778.

Jakob Michael Reinhold Lenz

Der Dichter wurde am 23. Januar 1751 in Seßwegen (Livland, heute: Lettland) geboren und durchlief eine pietistische Erziehung im
Geiste der Halle'schen Ausbildung August Hermann Franckes. 1759
siedelte die Familie nach Dorpat über. 1768 studierte Lenz, unterstützt von der Armenkasse und vom Vater, in Königsberg Theologie,
u. a. bei Immanuel Kant, dem er 1770 ein Gedicht widmete. 1771
brach er als Reisebegleiter zweier Brüder von Kleist nach Straßburg
auf und lernte im Juni 1771 dort Goethe kennen. Er verkehrte im
Kreis der „Originalgenies" des Sturm und Drang (Heinrich Leopold
Wagner, Lerse, Jung-Stilling u. a.) und im Kreis Johann Daniel Salz-
manns (1722–1812, Rechtsanwalt, Vorsitzender der literarischen

Pietistische
Erziehung

3.4 Personenkonstellation und Charakteristiken

Unerwiderte Liebe

„Sozietät"). 1772 verliebte er sich in Friederike Brion – die ehemalige Geliebte Goethes –, die seine Liebe aber nicht erwiderte. 1774 erschien in Leipzig das Stück *Der Hofmeister oder Vorteile der Privaterziehung* und 1776 *Die Soldaten*. Für den Verfasser hielt man anfangs Goethe. – In Emmendingen entbrannte er 1775 zu Goethes Schwester Cornelia (1750–1777) einseitig in Liebe, die seit 1773 mit Johann Georg Schlosser verheiratet war. 1776 ging Lenz nach Weimar und Berka, wie schon mehrfach in seinem Leben den Aufenthalten Goethes folgend. Er wurde Englischlehrer bei Charlotte von Stein in Großkochberg. Am 26. November geschah eine **Fatale „Eseley"** (unbekannte) „Eseley" bei Hofe oder gegenüber Angehörigen des Adels, die zu seiner Ausweisung durch den Herzog führte. 1777 erschütterte ihn der Tod Cornelia Schlossers; Ende November brach seine Krise aus (Depressionen als Zeichen einer ersten schizophrenen Phase). Den Jahreswechsel 1777/78 verbrachte er in Winterthur bei Christoph Kaufmann, mit dem er im Januar 1778 zu Oberlin aufbrach.

Lebensepisode als Inhalt der Erzählung

Während Kaufmann noch in Emmendingen blieb, um später nachzukommen, wanderte Lenz am 20. Januar 1778 nach Waldersbach und hielt sich bis zum 8. Februar bei Oberlin auf, ehe er nach Straßburg gebracht wurde. Diese Episode seines Lebens liegt der Erzählung Büchners zu Grunde.

Am Ende verarmt und vergessen

Sein Bruder holte ihn 1779 nach Riga, wo der Vater inzwischen Generalsuperintendent geworden war. Seine letzten Beziehungen bestanden zu russischen Freimaurern und seit 1787 zu dem russischen Schriftsteller Nikolai M. Karamsin (1766–1826). Am 4. Juni (24. Mai nach russischem Kalender) 1792 starb Lenz 41-jährig im größten Elend auf einer Straße in Moskau. Er wurde an einem unbekannten Ort begraben. Das *Intelligenzblatt der Allgemeinen Literaturzeitung* meldete: „Heute starb allhier Jac. Mich. Reinh. Lenz,

3.4 Personenkonstellation und Charakteristiken

der Verfasser des *Hofmeisters*, des *Neuen Menoza* etc. von wenigen
betrauret, und von keinem vermisst"[50].

Das Ehepaar Oberlin

Johann-Friedrich (Jean-Frédéric) (1740–1826) und Magdalena Salomé Oberlin (1747–83) waren ein evangelisches Pfarrerehepaar in
Waldbach (Waldersbach). Er war aus Straßburg eingesetzt worden
und kümmerte sich persönlich in seiner Tätigkeit um die sozialen Verhältnisse und um die alltäglichen Belange seiner Gemeinde. Noch heute steht „Papa Oberlin" auf seinem Grabkreuz, er war
für die Region eine Art Vatergestalt und galt als Philanthrop. Auch
mühte er sich, die materiell-technischen Bedingungen für die Einwohner des Tales zu verändern und gründete Strickschulen, auch
führte er die Baumwollspinnerei ein. Dabei wurde er von seiner
Frau, von deren neun Kindern sieben überlebten, in allen Belan-
gen unterstützt, so auch bei der Betreuung von Lenz. „Madame
Oberlin" (20) wirkt auf Lenz zuerst wie eine himmlische Gestalt
(„engelgleich stille", 7), fast unnahbar. Als sie für ihn zur Gesprächspartnerin wird, mütterliche Züge bekommt, wird das himmlische
Bild – die Mutter hatte „das jüngste Kind zwischen den Knieen"
(20) – säkularisiert, indem Lenz sie nach seiner höchst irdischen
Liebe – Friederike Brion – fragt.

*Lenz wurde Zeuge von Oberlins Tätigkeiten, als er den Pfarrer auf
seinen Ritten durch die Gemeinde begleitete (8 f.). Kaufmann hatte Lenz zu ihm geschickt, weil er wie auch andere Freunde Lenzens
hofften, dass der Theologe beruhigend auf den durch einen Krank-
heitsschub verwirrten Dichter einwirken und ihn möglicherweise zur
disziplinierten Arbeit zurückführen könnte. Oberlin schrieb einen Bericht über den Aufenthalt, in dem er begründete, warum er Lenz nach*

Evangelisches
Pfarrerehepaar

Oberlins Bericht

---

50 Faksimile in: Kaufmann, *Ich aber werde dunkel sein*, S. LI.

3.4 Personenkonstellation und Charakteristiken

Pastor Oberlin (Manfred Böll) versucht Lenz (Markus Meyer) zu beruhigen – Salzburger Festspiele 2012 © picture alliance/APA/picturedesk.com

3.4   Personenkonstellation und Charakteristiken

Straßburg bringen musste, weil „ihm die Anfälle seiner Melancholie fast keine Macht mehr über ihn ließen" (47).

Im Elsass spielte die Erinnerung an Oberlin eine große Rolle; Büchners Freunde, die Stoebers, beschäftigten sich ebenso mit ihm wie ihr Vater, der eine Biografie geschrieben hatte. Im ehemaligen Pfarrhaus befindet sich heute ein Oberlin-Museum, das an die Tätigkeit des Philanthropen erinnert, der vom Steintal aus Verbindungen knüpfte, zum Beispiel 1777 zu Basedows „Philanthropinum" in Dessau.

Christoph Kaufmann

Kaufmann (1753–95) war – ohne Schulabschluss – ein Schweizer Publizist, Philosoph und als „Genieapostel" eine schillernde Gestalt. Er war ein Schwärmer und Lebensreformer, der den Erziehungsvorstellungen Rousseaus anhing, die Lehren Lavaters und Basedows verteidigte und der literarischen Bewegung des Sturm und Drang ihren Namen gab da er Friedrich Maximilian Klingers **Drama *Wirrwarr*** (1776) umbenannte in *Sturm und Drang*. Kaufmann und Lenz kannten sich vermutlich seit Straßburg im Jahre 1774.

„Genieapostel"

Lenz hatte dann 1777 bei Kaufmann in Winterthur gewohnt; es war die Zeit der ersten kritischen psychischen Situation Lenz'. Im Januar 1778 machten sie sich auf den Weg zu Goethes Schwager Schlosser, dessen von Lenz geliebte Frau Cornelia im Juni 1777 gestorben war. Von Emmendingen aus schickte Kaufmann Lenz zu Oberlin voraus, ehe er selbst kurz vor seiner Heirat mit seiner Braut dort 1778 eintraf.

Kaufmanns Rolle beim Aufenthalt Lenz' im Steintal

Oberlin machte sich auf den Weg zu Kaufmanns Hochzeit, kehrte aber unterwegs um, als er von Lenz' wirklicher Verfassung erfuhr. In der Erzählung dient er als Stichwortgeber für das Kunstgespräch mit Lenz (vgl. S. 73 f., 125 ff. dieser Erläuterung).

1 SCHNELLÜBERSICHT   2 GEORG BÜCHNER:
LEBEN UND WERK   3 TEXTANALYSE UND
-INTERPRETATION

3.4   Personenkonstellation und Charakteristiken

Die „Leute"

Ruhe und Freund-
lichkeit

Sie sind in Büchners Text eine anonyme Gruppe: Es sind die Menschen, denen Lenz in Waldbach, in der Kirche und bei seinen Wan-
derungen begegnet (8, 11). Sie waren den seltsamen Gast „schon
gewohnt" (21). Nur selten werden sie durch Berufe – „Holzhau-
er" (19), „Mägde" (26 ff.) – spezifiziert. Während die „Leute" eine
unerschütterliche Ruhe und Freundlichkeit gegenüber Lenz aus-

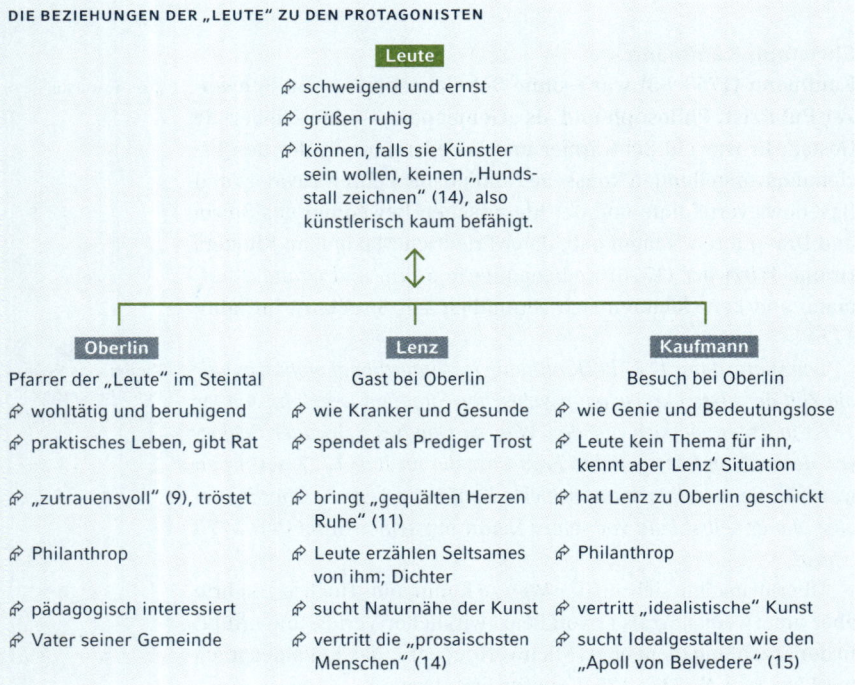

DIE BEZIEHUNGEN DER „LEUTE" ZU DEN PROTAGONISTEN

Leute

- ☞ schweigend und ernst
- ☞ grüßen ruhig
- ☞ können, falls sie Künstler
  sein wollen, keinen „Hunds-
  stall zeichnen" (14), also
  künstlerisch kaum befähigt.

⇕

Oberlin	**Lenz**	**Kaufmann**
Pfarrer der „Leute" im Steintal	Gast bei Oberlin	Besuch bei Oberlin
☞ wohltätig und beruhigend	☞ wie Kranker und Gesunde	☞ wie Genie und Bedeutungslose
☞ praktisches Leben, gibt Rat	☞ spendet als Prediger Trost	☞ Leute kein Thema für ihn, kennt aber Lenz' Situation
☞ „zutrauensvoll" (9), tröstet	☞ bringt „gequälten Herzen Ruhe" (11)	☞ hat Lenz zu Oberlin geschickt
☞ Philanthrop	☞ Leute erzählen Seltsames von ihm; Dichter	☞ Philanthrop
☞ pädagogisch interessiert	☞ sucht Naturnähe der Kunst	☞ vertritt „idealistische" Kunst
☞ Vater seiner Gemeinde	☞ vertritt die „prosaischsten Menschen" (14)	☞ sucht Idealgestalten wie den „Apoll von Belvedere" (15)

3.4 Personenkonstellation und Charakteristiken

strahlen, sind die „Mägde" von ihm irritiert und ängstigen sich vor ihm. Individualisiert werden die „Leute" nicht. Vielmehr entsteht der Eindruck einer Masse von Armen, die kein politisches Bewusstsein haben, tief im Glauben befangen sind und auf diesen hoffen. Am intensivsten ist neben ihrem Glauben die Beziehung zur Natur, das geht zurück auf Büchners Rousseau-Beschäftigung, wobei Büchner besonders „Rousseaus Lehre von der Moral des ‚natürlichen' Menschen"[51] faszinierte. Diese gibt den „Leuten" auch Ruhe und Kraft – „schweigend und ernst" (8) –, um den Problemen des Alltags zu begegnen und zu widerstehen, um „die Ruhe ihres Tales nicht zu stören" (8). Es sind arme und leidende Menschen, die Trost suchen und auf Wunder setzen, die in dieser Weise auch typisiert werden und als Gleiche erscheinen, ebenfalls ein Merkmal des Denkens Rousseaus. Auch sind die Gefühle, wie Lenz bei Büchner meint, „in fast allen Menschen gleich" (14), was die Gleichheitsvorstellungen der Aufklärung erkennen lässt.

Trostbedürfnis und Wunderglaube

---

51 Poschmann, S. 269. Vermittelt wurde Rousseau in besonderer Weise durch Diderot, vgl. ebd., S. 339.

3.5 Sachliche und sprachliche Erläuterungen

3	*Lenz*	Der Titel stammt vermutlich von Gutzkow. Er wird im ersten Satz wiederholt. Das erinnert an Gutzkows Roman *Wally, die Zweiflerin* (1835), der ebenfalls im Eröffnungssatz die Titelgestalt nennt. Gutzkow hatte am 23. Juli 1835 Büchner über den Roman geschrieben.
5,1	**Den 20.**	Viele Ausgaben vermerken hier „den 20. Jänner"[52] oder „20. Januar" und ergänzen Büchners karge Angabe um den authentischen Monat. Aber diese Ergänzungen gehen wie andere Unterschiede auf Eingriffe Ludwig Büchners zurück, der die Texte seines Bruders für eine Ausgabe *Nachgelassene Schriften von Georg Büchner* (1850) bearbeitete. In Gutzkows Erstveröffentlichung wurde das Datum ohne Monatsangabe mitgeteilt.
5,1 f.	**Gipfel, Täler**	Gipfel, Gebirge versus Täler sind ein sich durchziehender gestaltender Gegensatz im Text (5–18). – Büchner kannte die Vogesen durch eine Wanderung 1833, wahrscheinlich aber nicht die Gegend von Waldersbach (Waldbach) im Steintal (benannt nach der Ruine Burg Stein).
5,10–12	**nur war es ihm manchmal unangenehm, dass er nicht auf dem Kopf gehn konnte**	Erster Hinweis auf die absurden Situationen, die Lenz sich denkt und teilweise auch zu leben versucht, und damit Hinweis auf den Wahnsinn. Es wird auch vermutet, dass es sich um eine Verwendung eines Vorgangs aus Cervantes' *Don Quixote* handelt, „dessen Titelheld im Gebirge plötzlich Purzelbäume schlägt und sich auf den Kopf stellt"[53], was für Sancho ein Hinweis darauf war, dass sein Herr ein „Narr" geworden sei. Vgl. auch S. 72 u. 76 dieser Erläuterung.

---

52 In: Büchner, *Werke und Briefe*, S. 89.
53 Schaub, S. 7.

3.5   Sachliche und sprachliche Erläuterungen

6,31 f.	**als jage der Wahnsinn auf Rossen hinter ihm**	Nach verschiedenen Ankündigungen (Angst, Nichts, im Leeren; 6,27; „flog den Abhang hinunter" als Getriebensein, 6,28) wird hier erstmals Lenzens bedrohlicher Zustand genannt.
6,34	**Waldbach**	heute: Waldersbach im Steintal (Vallon du Ban de la Roche, Vogesen), ansehnlicher Ort mit auffallend herabgezogenen Ziegeldächern. Die Menschen im Steintal, einem der ärmsten Täler der Gegend, lebten zu Büchners Zeit entbehrungsreich vom Ertrag magerer Weiden, steiniger Ackerböden und der Waldnutzung.
7,6	**Oberlin**	Vgl. S. 49 dieser Erläuterung.
9,28; 14,15	**Shakespeare**	William S. (1564–1616) bedeutete für die Stürmer und Dränger den Gegensatz zu Aristoteles; Shakespeares Dramen waren das Gegenteil zu den antiken bzw. klassizistischen französischen Dramen. Bereits Lessing hatte auf S. aufmerksam gemacht, die Stürmer und Dränger machten ihn zu ihrem ästhetischen Heiligen. Dafür traten Lenz (*Anmerkungen übers Theater*, 1774 u. a.), Goethe und Herder ein, vgl. Goethes Rede *Zum Schäkespears Tag* (1771). Lenz war am radikalsten: Aristoteles wurde mit seiner Orientierung auf die Einheit der Handlung im Drama abgelehnt, dafür waren die Charaktere bestimmend für die Handlung, seien sie doch das Ergebnis der Natur, die der Dichter nachahmen solle. Daraus folgte eine klare Unterscheidung zwischen antiker und bürgerlicher Tragödie: Jene sei Schicksalstragödie, diese Charaktertragödie. Künstlerische Nachahmung wurde weniger als Beschreibung von Handlungen, mehr als Darstellung von Charakteren gefasst. Büchner bewegte sich in dieser Tradition, wenn er am 28. Juli 1835 an seine Familie schrieb, die „Idealdichter" würden nur „Marionetten" geben – die Formulierungen finden sich im Kunstgespräch

3.5 Sachliche und sprachliche Erläuterungen

		wieder (14) –, „mit einem Wort, ich halte viel auf Goethe oder Shakespeare, aber sehr wenig auf Schiller"[54]. 1859 verwendet Karl Marx diese Gegenüberstellung in der sogenannten *Sickingen-Debatte*, wenn er an Ferdinand Lassalle über dessen Schauspiel *Franz von Sickingen* schreibt, er hätte mehr ‚Shakespeasieren' müssen, während sein ‚Schillern' ein Fehler gewesen sei und zum Scheitern des Stücks geführt habe.
10,4–10	**Wie Oberlin ihm erzählte, wie ihn ...**	Die „wie"-Reihung verschiedener Inhalte wird interpretiert als „Notat zur späteren Ausführung"[55]. Es bietet sich aber auch die Erklärung an, dass der auktoriale Erzähler eingreift, um Lenz' neue Erfahrung beim Wiederlesen der Bibel – er „las die Bibel" (10,1) – zusammenfassend zu erklären, um dann zurückzukehren zur personalen Erzählsituation von Lenz: „(...) jetzt erst ging ihm die Heilige Schrift auf" (10,11).
10,28	**Weihnachtsgefühl**	Die Erzählung handelt in der Nachweihnachtszeit; Büchner möchte mit dem Begriff ein Gefühl der Harmonie und familiären Geborgenheit – Lenz meint, die Mutter erscheine ihm – beschreiben, ein vertrautes literarisches Mittel. Die Konfrontation mit Lenz' Zustand ist konfliktverschärfend. Goethes Werther in *Die Leiden des jungen Werther* erschießt sich zwei Tage vor Weihnachten. Ähnliche Beispiele waren und sind verbreitet. Besonders intensiv wurde das Weihnachtsfest in der naturalistischen Literatur genutzt. Ibsens *Ein Puppenheim (Nora)* (1879) handelt an Weihnachten, Gerhart Hauptmanns *Friedensfest* (1890) trägt das Fest im Titel. Arno Holz' und Johannes Schlafs *Die Familie Selicke* (1890) spielt an Weihnachten. Die Methode

---

54 In: Büchner, *Werke und Briefe*, S. 423.
55 Vgl. Schaub, S. 16.

3.5   Sachliche und sprachliche Erläuterungen

		wurde bis in die Gegenwart beibehalten (vgl. Heinrich Bölls *Nicht nur zur Weihnachtszeit* u. v. a. m.).
10,32	**Regenbogen**	Der R. ist in vielen Kulturen ein Glückssymbol und steht für die Brücke zwischen Erde und Himmel. Nach der Sintflut schickte Gott einen Regenbogen als Zeichen des Bundes mit den Menschen (1. Mose 9,13, „Meinen Bogen habe ich gesetzt in die Wolken; der soll das Zeichen sein des Bundes zwischen mir und der Erde."). Büchner nutzt den Regenbogen zur Ausgestaltung einer kurzen Szene der Harmonie; das Lenz ansprechende „Wesen" war vermutlich ein Engel. Das Bild vom Engel, der auf Regenbogen zur Erde kommt – „auf denen Regenbogen Engel (sic!) niedersteigen" –, stammt von Achim von Arnim. Das Gegenbild zum Regenbogen ist der „ungeheuer(e) Riss" (27).
11,32	**Lass in mir die heil'gen Schmerzen ...**	Von Büchner gedichtete Strophe, die aber Versatzstücke anderer Kirchenlieder, besonders pietistischer Herkunft, verwendet, z. B. Christian Friedrich Richters *Eines Kranken*. Dort heißt es allerdings „leiden ist ietzt mein gewinst"; aus dem „ietzt" (jetzt) wird bei Büchner „all". Der aus anderen Kirchenliedern nicht nachweisbare Vers „Tiefe Bronnen ganz aufbrechen" korrespondiert mit dem zweimaligen Versuch Lenz', sich in einen Brunnen zu stürzen, der nicht tief genug war: „aber das Wasser war nicht tief" (8).
12,20 f.	**eine weiße und eine rote Rose**	Wie bei Büchner häufig, wiederholt sich auch dieses Bild im Werk. Im 1. Akt, 3. Szene, von *Leonce und Lena* beschreibt Leonce seiner Mätresse Rosetta den Tod ihrer Liebe mit „zwei weißen Rosen" auf den Wangen und „zwei roten" auf der Brust.

3.5 Sachliche und sprachliche Erläuterungen

12,23	**sie sei gewiss tot**	Lenz' Mutter Dorothea L. (geb. 1721) starb im Juli 1778, hatte aber schon lange vor ihrem Tod gekränkelt; Büchners Lenz erlebt eine Prophezeiung dieses Totes.
12,24	**bei dem Tod seines Vaters**	Oberlins Vater Johann Georg Oberlin war 1770 gestorben. Oberlin hatte eine ähnliche Prophezeiung erlebt.
12,36 f.	**Die einfachste, reinste Natur …**	Lenz' Ausführungen, die in *Leonce und Lena* parodistisch wieder anklingen („Die Substanz ist das An-Sich, das bin ich", *Leonce und Lena*, 1. Akt, 2. Szene) und zur sinnlosen Formel werden, korrespondieren mit Thesen der zeitgenössischen Philosophiediskussion, besonders mit Ideen Rousseaus. Der Satz aus Büchners Stück stimmt fast wörtlich mit dem Satz aus dem System des an Fichte geschulten K. Chr. Fr. Krause überein: „Alles, was ist, ist diese Substanz und in dieser Substanz."[56] Lenz' Überlegungen bereiten mit ihrem naturphilosophischen Zugriff das Kunstgespräch mit Kaufmann vor. Sie orientieren auf die Wirklichkeit, die nicht idealisiert werden sollte, um sie wahrhaftig widerzuspiegeln.
13,19	**Farbentäfelchen**	Die Beziehung zwischen Farben und Menschen hatte ausführlich Goethe in seiner Schrift *Zur Farbenlehre* (1810) erörtert. Zwar wurden die Grundlagen dieser Lehre bald bestritten, aber die Farben als Ausdruck von Gemütsstimmungen und Absichten des Menschen, wie sie Goethe im *Didaktischen Teil* der *Farbenlehre* beschrieb, wurden ernst genommen (§ 762 „Die Erfahrung lehrt uns, dass die einzelnen Farben besondere Gemütsstimmungen geben.") und angewendet.

---

56 Brief Krauses an seinen Vater vom 4. 11. 1813. In: Siegfried Wollgast: *Karl Christian Friedrich Krause (1781–1832) – ein deutscher Philosoph mit Weltgeltung*. In: Sitzungsberichte der Leibniz-Sozietät. Berlin: trafo verlag, Jg. 2001, Bd. 46, Heft 3, S. 72.

3.5 Sachliche und sprachliche Erläuterungen

		In der *Offenbarung* 21,19–20 wurden die Grundsteine der Mauern Jerusalems mit 12 verschiedenfarbigen Edelsteinen geschmückt (Jaspis, Saphir, Chalzedon, Smaragd, Sardonyx, Sarder, Chrysolith, Beryll, Topas, Chrysopras, Hyazinth, Amethyst), Oberlin setzt sie mit den zwölf Aposteln gleich. Er besaß tatsächlich ein Kästchen mit Halb-Edelsteinen bzw. Glasimitationen, die die Edelsteine der Mauern Jerusalems verkörpern sollten.[57]
13,23	**Stilling**	Johann Heinrich Jung-Stilling (1740–1817), Romanautor, pietistisch erzogen. Nach der Lehre als Schneidergeselle schließlich Dorflehrer und Hauslehrer. Mühevoll gelangte er 1770–72 zum Studium der Medizin in Straßburg, wo er Herder kennenlernte. Unter seinen zahlreichen religiös-mystischen Schriften findet sich auch eine *Gemeinnützige Erklärung der Offenbarung Johannes* (1799), die 1805 nochmals ergänzt wurde. Bei Stilling verschmolz eine ursprüngliche Naturverbundenheit mit einem mystisch orientierten Pietismus, der sich zum Aberglauben steigerte.
13,25	**Kaufmann**	Auf K. geht Lenz' Aufenthalt bei Oberlin zurück, weil Lenz' Freundeskreis in ihm eine Möglichkeit sah, dem kranken Dichter durch die Ruhe des Ortes, die philanthropische Einstellung des Pfarrers und die täglich notwendige Arbeit für den Lebensunterhalt zu helfen. Lenz, verarmt und verwirrt, hielt sich zum Jahreswechsel 1777/78 bei K. in Winterthur auf. K. hatte gemeinsam mit Lenz die Wanderung im Januar begonnen, die über Emmendingen in die Schweiz führte, dann zu „Steintals friedlichen Bewohnern"[58] und nach Zürich. In Emmendingen hatte er Lenz voraus-

---

57 Katalog der Ausstellung Mathildenhöhe, S. 272, Objekt 694.
58 Damm, *Vögel, die verkünden Land*, S. 280.

3.5 Sachliche und sprachliche Erläuterungen

		geschickt und folgte Lenz am 25. Januar 1778. Christoph K. (1753–1795), „der Apostel der Geniezeit", war ein Schweizer Stürmer und Dränger und religiöser Schwärmer, der in vielfacher Weise mit der literarischen Bewegung in Beziehung stand. 1777 hatte er in Dorpat Lenz' Vater besucht. Der „Freund" (7,9), von dem Lenz Oberlin Grüße bringt, ist K. Nach 1782 praktizierte K. als Arzt in Schlesien, u. a. in Herrnhut.
14,2	**idealistische Periode**	Die P. „fing damals an"; ihr Merkmal war, „die Wirklichkeit verklären (zu) wollen" (14,6 f.). Der Bezug ist deutlich, aber anachronistisch: Lenz kam am 20. Januar 1778 bei Oberlin an. Erst 1779 wurde Goethes Prosafassung der *Iphigenie auf Tauris*, ein frühes Dokument der klassischen „idealistischen" Literatur, uraufgeführt. Diesen Beginn meint Kaufmann; es ist der Übergang des Sturm und Drang zur klassischen Literatur, von der Büchner wenig hielt, wobei er allerdings unter den „Idealdichtern" vor allem Schiller verstand, von dem 1778 noch nichts vorlag. Büchner verschob den Beginn der klassischen Literatur, die im Allgemeinen mit Goethes Reise nach Italien 1786 angesetzt wird, auf 1778. Allerdings gab es seit 1764 Winckelmanns *Geschichte der Kunst des Altertums*, die die idealistische Kunstlehre begründet hatte. „Damals" hat eine starke historisierende Wirkung und verweist auf den auktorialen Erzähler, der den zeitlichen Abstand kommentiert.
14,18	**Hundsstall**	Die Nennung gehört zu Lenz' Kunstprogramm des Niedrigen, der Geringsten. Zwar sei das Thema der Kunst die höchste Schönheit und Vollkommenheit der Antike, aber „die Leute" könnten nicht einmal die Umgebung der Geringsten in Kunst aufnehmen, „auch keinen Hundsstall zeichnen".

3.5   Sachliche und sprachliche Erläuterungen

14,20	**Holzpuppen**	Holzpuppen und Marionetten waren in der Kunstdiskussion jener Zeit Ausdruck eines ästhetischen Konzepts. Büchner bediente sich dieses Bildes mehrfach (s. S. 55 dieser Erläuterung).
14,32	**das goldne Haar**	Das Bild – auf einem Steine zwei Mädchen, eines mit offenen blonden Haaren – erinnert an eine der bekanntesten Sagen der Zeit, die der Loreley. Der Mythos geht auf Clemens Brentano und die Ballade *Zu Bacharach am Rheine* (1800) in seinem Roman *Godwi* (1801) zurück. Ihm folgten andere Dichter wie Eichendorff („Es ist schon spät, es wird schon kalt"). Die verbreitetste Variante dichtete Heinrich Heine: „Ich weiß nicht, was soll es bedeuten" mit dem Vers „Sie kämmt ihr goldenes Haar" (1823). Wenn sich Büchner auch nicht dem *Jungen Deutschland* zugehörig fühlte – objektiv vertrat er dessen Ziele jedoch, strebte aber darüber hinaus –, so kannte er Heine gut und wurde in mancherlei Hinsicht von ihm beeinflusst.
14,35	**altdeutschen Schule**	Unscharfe Bezeichnung für die deutsche Malerei vor der Reformation, besonders des 15. und frühen 16. Jahrhunderts bis zu Hans Holbein d. J. Bis zum Sturm und Drang wurde die Bezeichnung „altdeutsch, ältere deutsche Kunst" als Wertmaßstab gegenüber „gotisch" verstanden, das als barbarisch galt. Durch Goethes Aufsatz *Von deutscher Baukunst* (1773) änderte sich das Verständnis, denn nun erschien „gotisch" als nationale deutsche Leistung, und der Begriff „altdeutsch", durch die Bedeutungen patriotisch und national erweitert, wurde erst wieder von den Romantikern auf das Mittelalter angewendet.
15,1	**Medusenhaupt**	Medusa (griech.: die Herrin) war die sterbliche der drei Gorgonen (die Schrecklichen). Ihr Blick versteinerte den Betrachter. Als Perseus sie

3.5 Sachliche und sprachliche Erläuterungen

		erschlug, schaute er dabei in einen Spiegel, um sie nicht ansehen zu müssen.
15,20 f.	**Apoll von Belvedere**	Der vielseitige Gott Apoll, auch Meister des Gesangs und des Saitenspiels, ist auch der schöne, junge Gott des Lichts. Von der Vielzahl seiner Standbilder gilt der *Apoll von Belvedere*, eine römische Marmorkopie im Vatikan, als Inbegriff der Schönheit. In ihm sah Winckelmann „das höchste Ideal der Kunst des Altertums" (*Geschichte der Kunst des Altertums*, 1764); erst gegen Ende des 19. Jahrhunderts wurde diese Ansicht relativiert.
15,21	**Raphaelische Madonna**	Unter den zahlreichen Madonnen-Bildern des italienischen Malers und Architekten Raffaello Santi (1483–1520) wird als Höhepunkt die klare und einfallsreiche *Sixtinische Madonna* angesehen, die in der Sempergalerie Dresden hängt. In Dresden befindet sich auch Raffaels *Madonna mit dem Kinde*, über die sich Winckelmann ähnlich enthusiastisch äußerte wie über den *Apoll von Belvedere* („Das Kind auf ihren Armen ist ein Kind über gemeine Kinder erhaben durch ein Gesicht, aus welchem ein Strahl der Gottheit durch die Unschuld der Kindheit hervorzuleuchten scheinet.") Lenz'/Büchners andere Ansicht wird in der säkular orientierten Formulierung deutlich, dass die ruhigen, stillen Gesichter der Mädchen „Licht (…) ausstrahlen" (7).
15,31 f.	**Christus und die Jünger von Emmaus**	Christus gibt sich den Jüngern zu erkennen, „da er mit ihnen zu Tische saß, nahm er das Brot, dankte, brach's und gab's ihnen" (Lukas 24,30). Büchner beschreibt die Szene nach einem Bild von Carel von Savoy (1621–65) *Christus in Emmaus*, das er in Darmstadt gesehen hat. Ein ähnliches Bild zum gleichen Thema malte Rembrandt; es hängt im Louvre in Paris.

3.5   Sachliche und sprachliche Erläuterungen

16,8 ff.	**Dann ein**	Auf einen Hinweis Hubert Gerschs zurück-
	anderes	greifend beschreibt Gerhard Schaub[59] eine
		Szenenanweisung zu Ludwig Tiecks *Leben und*
		Tod des kleinen Rotkäppchens (erschienen im
		Phantasus, Bd. 1, 1812) als Ursprung des Ver-
		weises. Allerdings handelt es sich dabei weder
		um ein niederländisches Motiv noch um ein
		Bild. In der niederländischen Malerei gibt es
		jedoch Bilder des Rembrandt-Schülers Nicolaas
		Maes (1634–1693, *Das Gebet vor der Mahlzeit*,
		Amsterdam, Reichsmuseum; *Die schlafende alte*
		Frau, Brüssel, Museum)[60], die der Beschreibung
		Büchners nahekommen. Maes wählte Themen
		aus dem Leben der anspruchslosen Menschen,
		vorzugsweise der Frauen, so wie Büchners Lenz
		es in seiner Kunsttheorie verkündet.
17,7	**Lavater**	Johann Caspar Lavater (1741–1801) war zu Lenz'
		Zeit ein berühmter philosophischer Schrift-
		steller, dessen Freundschaft die gebildete Welt
		suchte, und seit 1775 Pfarrer in Zürich. Er ist der
		Verfasser der *Physiognomischen Fragmente* (4
		Bände, 1775–78). Nach seiner Lehre drückte sich
		die menschliche Seele in der Physiognomie des
		Menschen aus. Man versuchte, Menschen, die
		zueinanderpassten, durch ihre Silhouette mit-
		einander bekanntzumachen. Goethe bekam z. B.
		den Schattenriss der Frau von Stein, bevor er sie
		tatsächlich kennenlernte, und fantasierte davor
		„im Lavater-Stil"[61]. Im Bd. 3 der *Physiognomi-*
		schen Fragmente (1777) besprach Lavater vier
		Lenz-Porträts.[62] Lenz beschrieb am 22. Januar

---

59 Schaub, S. 34.
60 Auf den gleichen Maler, aber andere Bilder weist Wolfgang Martens in seiner „Anmerkung" zu einem Aufsatz Karl Viëtors hin (Martens, S. 195).
61 Richard Friedenthal: *Goethe – Sein Leben und seine Zeit*. München: R. Piper & Co Verlag, 1963, S. 255.
62 Diese Porträts finden sich mit dem Faksimile von Lavaters Deutung in: Kaufmann, *Ich aber werde dunkel sein*, S. XVIII f.

3.5 Sachliche und sprachliche Erläuterungen

		1778 aus Waldersbach Lavater seine Gefährdung: „Warst du es nicht, Lieber! Der mir erzählte, dass Apostel Johannes, in den Zwischenstunden, da er das Evangelium schrieb, weiter nichts tat, als mit seinem Sperber zu spielen. Und dabei gesagt, ein Bogen der immer gleich gespannt bleibt, verliert zuletzt seine Schnellkraft."[63]
18,22	**Jakob**	Der Patriarch Jakob ringt mit Gott (1. Mose, 32,23–33). Von nun an heißt Jakob Israel, „denn du hast mit Gott und Menschen gekämpft und bist oblegen".
19,18	**Das Mädchen lag in Zuckungen**	Die Szene mit dem kranken Kind hat eine Parallele in Tiecks *Der Aufruhr in den Cevennen*. Edmund, die Hauptgestalt, berichtet von einer Begegnung im Gebirge, in einer „einsamen Scheune", in der ein sich in Krämpfen windendes Kind mit „heiserer Stimme" die Menschen segnet usw.[64]
20,17 f.	**Auf dieser Welt**	Die ersten Zeilen zweier Volkslieder, die im dritten Teil von *Des Knaben Wunderhorn* stehen (vgl. den Kommentar zu „Riss", S. 68 f. dieser Erläuterung).
20,22	**Frauenzimmer**	Gemeint ist Friederike Brion (1752–1813), die Pfarrerstochter aus Sesenheim. Zwischen Oktober 1770 und August 1771 war Goethe in sie verliebt, schrieb einige seiner schönsten Gedichte für sie (z. B. *Willkommen und Abschied*, *Mailied* und *Mit einem gemalten Bande*) und verließ sie ohne Abschied, was sie nie überwand. 1772 lernte Lenz sie kennen und verliebte sich ebenfalls in sie. Er glaubte sich wiedergeliebt, das war eine seiner vielen Selbsttäuschungen.

----

63 Damm, *Vögel, die verkünden Land*, S. 285.
64 Ludwig Tieck: *Werke*. Hrsg. von Gotthold Ludwig Klee. Leipzig und Wien: Bibliographisches Institut o.J. (um 1900), 3. Band, S. 305 ff.

3.5 Sachliche und sprachliche Erläuterungen

Goethe nahm ihm sein Verhalten übel und interpretierte es als Intrige, Lenz' Liebe sei stets Einbildung gewesen. Lenz erwähnt das Frauenzimmer mehrmals (als „Gestalt, die ihm immer vor Augen schwebte", 17,19; als „Engel", 27) und nennt einmal „Friederike" (24).

21,8	**Händen an den Himmel**	Es handelt sich wie schon mehrfach im Text um die Umkehrung einer normalen Situation; „normalerweise" streckt man die Hände bei Gebet und Bitte zum Himmel und stößt nicht mit den Händen an den Himmel, der also keine Hilfe mehr bietet, sondern droht. Als Lenz kurz darauf den „normalen" Zugang zum Himmel sucht – „er rang die Hände" –, fühlte er sich „tot! tot!" (ebd.).
21,26	**Hornung**	alte dt. Bezeichnung für Februar, besonders süddt. elsässisch und schweizerisch.
21,26	**Fouday**	In dem Ort, um die 250 Einwohner, befinden sich eine einschiffige romanische Kirche mit gotischen Sakramentsnischen und ein Friedhof, auf dem der Pfarrer Oberlin (Papa Oberlin) seit 1826 beerdigt liegt.
22,12 f.	**Stehe auf und wandle!**	Diese Worte spricht Jesus mehrfach, zu einem Gichtbrüchigen (Mt. 9,5), bei der Auferstehung der Tochter des Jairus (Mk. 5,41), bei einem toten Jungen (Lk. 7,14) und bei Lazarus (Joh. 11). Lenz begeht hier Blasphemie, indem er sich zum Gott erhebt; sie ist nur zu erklären durch den Namen des Kindes: Oberlin nennt ihn in seinem Bericht „Friederike". Lenz scheint seine Liebe zu Friederike Brion zu erinnern und sie zu beschwören.
22,20	**Titanenlied**	Prometheus war der bekannteste Titan, Goethe hatte im Spätherbst 1774 die berühmte Ode *Prometheus* geschrieben: „Bedecke deinen Himmel, Zeus", ein Titanenlied. Sie wurde eines der

3.5   Sachliche und sprachliche Erläuterungen

		prägnantesten Beispiele für die Sturm-und-Drang-Haltung. Lenz ist auch in titanischer Verfassung und „meinte, er müsse den Sturm in sich ziehen" (6); es hilft ihm nicht, ein Hinweis Büchners, dass der Titanismus seine Bedeutung verloren hat.
22,19–29	**In seiner Brust war ein Triumph-Gesang der Hölle … Atheismus**	Bezeichnung für eine weltanschauliche Grundhaltung, die die Existenz Gottes verneint. Hier wird A. als Ergebnis der missglückten Erweckung, eines mythischen Naturerlebnisses, eines Aufstands gegen Gott und der versuchten Zertrümmerung des Himmels („der Himmel war ein dummes blaues Aug") gesehen. Lenz wird durch den A. „sicher und ruhig und fest", das ist indessen nicht positiv gemeint, „Ruhe" ist die Vorstufe von Tod, deshalb heißt es: „es fror ihn". „Frieren" gehört im Text zum Wortfeld von Einsamkeit. Wenn Lenz davon gepackt wird, fühlt er sich „leer" und es wird „kalt" (vgl. 12,22). Zu dieser Szene findet sich in Tiecks *Der Aufruhr in den Cevennen* eine Parallele bei Edmund: „Ich kann es in keinen menschlichen Worten wiedergeben, wie mir plötzlich hier jedes glaubende Gefühl, jeder edle Gedanke untersank (…) Da war kein Gott, kein Geist mehr, da war nur Albernheit (…)"[65].
23,10	**Pfeffel**	Gottlieb Konrad P. (1736–1809), der 1757 erblindete Jurist und Dichter, gründete 1773 in Kolmar eine Erziehungsanstalt von europäischer Bedeutung (École Militaire). P. war mit Oberlin befreundet; wie dieser hatte er sich in der Französischen Revolution nach 1789 als französischer Patriot gezeigt[66], aber die Hinrichtung

---

65 Ebd., S. 308 f.
66 Vgl. Jean-Marie Gall: *Gottlieb Conrad Pfeffel.* Leben und Wiederentdeckung eines elsässischen Schriftstellers. In: Jean-Marie Gall und Wolf, Christa-Dieter Sick: Das Elsaß. Bilder aus Wirtschaft, Kultur und Geschichte. (Alemannisches Jahrbuch 1987/88). Bühl: Konkordia Verlag, 1991, S. 194 f.

3.5   Sachliche und sprachliche Erläuterungen

		des Königs 1793 und der jakobinische Terror erweckten seinen Widerstand. Kurz vor der Wanderung zu Oberlin muss Lenz im November 1777 ein erschütterndes Erlebnis gehabt haben – vermutlich den ersten Ausbruch seiner geistigen Erkrankung –, von dem ein Brief Pfeffels vom 24. November 1777 an den Baseler Freund Jakob Sarasin, der auch mit Kaufmann befreundet war, berichtet: „Gott wolle dem armen Menschen beistehen. (…) Ich hoffe aber doch, der gute Lenz werde wieder zurechtkommen und dann sollte man ihn nach Hause jagen oder ihm einen bleibenden Posten ausmachen."[67]
23,19	**der Ewige Jude**	Ahasver, eine sagenhafte Gestalt, soll, weil er dem kreuztragenden Christus eine Ruhepause verweigert hat, zu ewiger Wanderschaft verurteilt worden sein. Die Sage geht ins 13. Jahrhundert zurück und erfuhr mehrere Ausgestaltungen. In Deutschland wurde sie mit dem 1602 erschienenen Volksbuch *Kurze Beschreibung und Erzählung von einem Juden mit Namen Ahasverus* bekannt, nachdem der Ewige Jude 1542 in Hamburg gesehen worden sein soll. Goethe hinterließ zum Stoff ein Fragment *Der Ewige Jude* (1774). Büchner bezeichnete in *Dantons Tod* die Welt als den ewigen Juden (*Dantons Tod* III, 7).
23,19 f.	**dafür sei Jesus gestorben**	Die Erinnerung an den sich für die Menschen opfernden Jesus gehört zu den herausragenden Topoi bei Büchner. Robespierre in *Dantons Tod* wird als „Blutmessias" (Büchner, *Werke und Briefe*, S. 33) bezeichnet; er steht als Sinnbild für den leidenden Menschen, nicht für Gottes Sohn. In diesem Sinne findet sich der Topos durchgehend in Büchners Werk, z. B. in *Leonce*

---

67   Damm, *Vögel, die verkünden Land*, S. 279.

3.5 Sachliche und sprachliche Erläuterungen

		und Lena (1.4: „Ist es denn wahr, die Welt sei ein gekreuzigter Heiland....?", Büchner, *Werke und Briefe*, S. 136) u. a. An den Topos erinnert auch das Märchen der Großmutter in *Woyzeck*, wo sie die Sterne als goldne Mücken beschreibt, die „wie der Neuntöter sie auf die Schlehen steckt" (Büchner, *Werke und Briefe*, S. 181) u. v. a.
23,30	**sie liebte noch einen andern**	Der Andere ist Goethe, dessen Geliebte Friederike Brion vom Oktober 1770 bis zum August 1771 war. Goethe verließ sie ohne jede Mitteilung.
24,22	**in sein Zimmer**	Da die Mägde in der „Kinderstube" unter ihm schlafen, ist Lenz inzwischen aus dem „Schulhaus" (7) ins Pfarrhaus umgezogen. In Oberlins Bericht wird der Umzug mit Kaufmanns Besuch in Verbindung gebracht (39).
24,33; 25,3 ff.	**Langeweile! die Langeweile! o! so langweilig**	Langeweile beherrscht Lenz im Zustand des sinnlos gewordenen Lebens und ist Teil seiner Krankheit, der Melancholie und des Wahns. Das Gefühl nimmt zu; er wiederholt deshalb die Worte und findet sogar den Selbstmord „zu langweilig". – Für Büchner war L. eine entscheidende Eigenschaft der modernen Gesellschaft, deren Leben nur daraus bestehe, „sich die entsetzlichste Langeweile zu vertreiben".[68] Deshalb beschäftigt er sich mit dem Thema „Langeweile" in allen seinen Werken.
27,11	**einen ungeheuern Riss**	Der „Riss" ist für Lenz die Metapher für den Zweifel an der Schöpfung und den Verlust der Frömmigkeit, für das Auseinanderfallen der Welt, für die Unmöglichkeit des Erkennens; dadurch steht der Mensch in einer neuen Verantwortung, der des Atheismus, mit dem er sich neu, d. h. materialistisch bestimmen kann. Lenz spürt den

---

68 Brief an Gutzkow, Karl von 1836. In: *Büchner, Werke und Briefe*, S. 435.

3.5   Sachliche und sprachliche Erläuterungen

		Verlust, hat aber „*nichts*" (27) an seine Stelle zu setzen. Das Gegenbild zum „Riss" ist der „Regenbogen" (10) als Sinnbild der Einheit. Vgl. S. 46 dieser Erläuterung.
27,12; 31,10	**Leere**	Mit dem Gefühl, im „Leeren" (6,27) zu sein, hatte der Text begonnen, nun verdichtet sich diese Leere gegen Ende. Die L. ist der individuelle Zustand Lenz' als Reaktion auf den Riss der Welt; sie wird zum Ausdruck seiner Krankheit und zum dominierenden Zustand selbst der Normalität, mit der der Alltag bewältigt wird („… er tat alles wie es die andern taten, es war aber eine entsetzliche Leere in ihm", 31).
31,12	**So lebte er hin.**	Der berühmte Schlusssatz bedeutet den endgültigen Rückzug Lenz' in sich und auf sich selbst. Alle Bindungen in der und an die Außenwelt sind abgebrochen worden; es ist der Zustand der vollständigen Einsamkeit. Einen ähnliche Zustand fand Büchner in der Gestalt Eduards aus Goethes Roman *Die Wahlverwandtschaften* (1809) vor: Nachdem dieser die geliebte Ottilie verloren hat, konnte er weder weinen, noch Schmerz empfinden, seine Teilnahme an den alltäglichen Dingen ging mehr und mehr zurück. „Er lebte nur vor sich hin."[69] Der Satz hat Schriftsteller immer wieder zum Nachdenken inspiriert, so Hans Erich Nossack (1901–1977). Der wies in seiner *Büchnerpreis-Rede* (1961) darauf hin, dass der Satz „die nackte Situation selber" ausdrücke, „die höchste Form der Prosa"[70].

69   Goethe: *Die Wahlverwandtschaften*. In: Ders.: Poetische Werke. Berliner Ausgabe, Bd. 12. Berlin: Aufbau-Verlag, 1963, S. 272.
70   Zitiert nach: Schaub, S. 132.

3.6 Stil und Sprache

ZUSAMMEN-FASSUNG

→ Der Verlauf der Handlung in Gegensätzen wird sprachlich an Antonyme geknüpft. Diese werden mit Attributen heftiger Bewegung verbunden und bilden Lenz' Unruhe ab.

→ Sprachliche Mittel wie Alliteration und Assonanzen geben dem Text eine poetische Gestalt.

→ Oft erinnern einzelne Passagen an Büchners bevorzugte Lektüre, Tieck insbesondere.

→ Oberlins Bericht und Büchners Erzählung liegen unterschiedliche Schreibintentionen zugrunde.

Die personale Erzählsituation

Die Zeitangabe „Den 20. ging Lenz durchs Gebirg." (5) eröffnet den Text, aber sie kann als erstes Zeichen von **Unsicherheit oder Orientierungsverlust** gelesen werden, denn der genauen Tagesangabe folgt keine Monatsangabe, wie sie in Oberlins Bericht vorhanden war (35). Der Name der Hauptfigur gibt die Erzählperspektive vor, die Ortsangabe („Gebirg") und den Verlauf durch das flektierte Verb („ging"). Der sich anschließende Satz ohne Prädikat führt den

Antonyme und erlebte Rede

Einstieg in die gerade erst vorgestellte Figur Lenz' konsequent fort: Beim Gehen erscheint das „Gebirg" in seinen Einzelheiten, bereits als Antonym Gipfel-Täler eingeführt. Hinzu kommt die erlebte Rede mit den von ihr bevorzugten Verben, die ins Innenleben der Person führen (denken, träumen, meinen, es war ihm usw.). Büchner bietet schon zu Beginn eine erstaunliche stilistische Vielfalt davon: spüren, in der Brust drängen oder reißen, suchen nach verlorenen Träumen, meinen, mit sich sprechen wollen (5 f.).

3.6 Stil und Sprache

Im Eröffnungs-Abschnitt wird deutlich, dass Büchner eine **doppelte personale Erzählsituation** entwickelt. Diese versucht, dem zwiespältigen Bewusstsein Lenz' – dem Ich und dem Nicht-Ich – gerecht zu werden und hat eine entsprechende sprachliche Ausformung zur Folge, die für die damalige Zeit ungewöhnlich und modern ist: Führen die Verben der erlebten Rede in die Denk- und Gefühlswelt der Hauptfigur ein, die vor allem seine verwirrte, dem Wahn nahe Verfassung ausdrückt, so stehen dem klare, sachlich beschreibende Passagen gegenüber, die fortlaufend einen Bericht bieten, in dem das Innenleben der Figur nebensächlich wird. Der Bericht wird mit Vergleichen (wie, als) versehen, die nicht mit auktorialem Erzählen verwechselt werden dürfen: Die Erde „wurde klein wie ein wandelnder Stern", Lenz erhob sich „ruhig(,) als wäre ein Schattenspiel vor ihm vorübergezogen", „das Biegen seines Fußes tönte wie Donner unter ihm", „es war als ginge ihm was nach" (alles 6). Lenz lebt in zwei Denk- und Empfindungsebenen, die sprachlich-semantisch unterschiedlich umgesetzt werden: Das im Inneren sich Abspielende vermag er zu verstehen und bemüht dafür Metaphern aus der Natur („Er meinte, er müsse den Sturm in sich ziehen", 6), das von außen auf ihn Eindringende versucht er in seiner sachlichen Erscheinung zu beschreiben, weil es ihm unverständlich bleibt: „er begriff nicht, dass er so viel Zeit brauchte, um einen Abhang hinunterzuklimmen" (5). Er hat kaum Raumvorstellungen und kann die Distanzen zwischen sich und der Außenwelt nicht erfassen. Die Verdoppelung des Sehens und Denkens ist Ausdruck seiner Krankheit, die so stilistisch umgesetzt und auch am Ende genau bezeichnet („als jage der Wahnsinn auf Rossen hinter ihm", 6) wird.

Sprachliche Gestaltung folgt der gespaltenen Persönlichkeit .

3.6 Stil und Sprache

Antonyme und Büchners dialektische Weltsicht

Verwendung von
Gegensätzen

Auf die **stilistische Antithetik** wurde oft hingewiesen[71], wenig be-
rücksichtigt wurde dabei, dass Büchner stilistisch-sprachliche Gegensätze (Antonyme) verwendete, die Ausdruck einer dialektischen
Weltsicht des Dichters und Naturwissenschaftlers waren. „Ruhe"
und „Bewegung", die mehrfach herausgehoben wurden[72], entsprechen im Text der Beziehung von Beschränkung und Weite, Dorf und
Welt, letztlich auch Krankheit (Wahnsinn) und Gesundheit, Tod und
Leben. – Wie sich Büchners Denkprinzip in Gegensätzen sprachlich
umsetzt, wird in der Eröffnung deutlich: Den wandernden Lenz um-
geben „Gipfel" und „Täler", „Bergflächen" und „Gestein"; Äste und
Nebel bewegen sich „herab" und „herauf", Lenz geht „bald auf- bald
abwärts" (alles 5). Nur kann er sich in diese Gegensätzen nicht voll-
wertig einbringen; es war ihm unangenehm, „dass er nicht auf dem
Kopf gehn konnte" (5), dass also sein Ich zum eigenen Gegensatz
würde. Danach verlagert sich die Schilderung von der Außenwelt
in Lenz' Innenwelt (mehrfach „drängte", aber auch: „begriff nicht",
„meinte", suchen – finden, „verlorne Träume", alles 5): Das sind
Hinweise auf Lenz' Innenleben, aber auch auf die Unmöglichkeit, es
auszudrücken (die erlebte Rede ist auf Begriffe wie „träumen" u. a.
angewiesen). In einer weiteren Eröffnungsszene wird das streng
weitergeführt:

> „(…) er wühlte sich in das All hinein, es war eine Lust, die ihm
> wehe tat; oder er stand still (…) und dann zog es weit von ihm,
> die Erde wich unter ihm, sie wurde klein wie ein wandelnder
> Stern und tauchte sich in einen brausenden Strom, der seine
> klare Flut unter ihm zog." (6)

---

71 Vgl. Peter Hasubek: *„Ruhe" und „Bewegung"*. Versuch einer Stilanalyse von Georg Büchners
Lenz. In: Germanisch-Romanische Monatsschrift, Neue Folge, Band 29/1969, S. 33–59.
72 Kubitschek, S. 88 ff.

3.6 Stil und Sprache

BÜCHNERS VERWENDUNG VON ANTONYMEN IN *LENZ*

nah – fern, Stimme – verhallen (5)	Tal – Höhe oder Gipfel (8)
Alp des Wahnsinns – Traum (9)	Tal – Höhe (10)
herauf – herab (11)	schön – hässlich (14)
Berg – herunter (16)	Gebirg – Täler, steigende und sinkende Welle, Himmel – Erde (17)

Der gesamte Text verwendet sprachlich Antonyme, die Ausdruck des Zustandes von Lenz sind, zumal die Gegensätze oft mit einem „hastigen" Zustand (2-mal S. 20, außerdem: durchzuckten, heftig) verbunden werden; je nach diesem Zustand schwankt ihr Gebrauch.

Antonyme als Ausdruck von Lenz' Zustand

Auch die Verfassung Lenz' wird immer mehr in Gegensätzen zugespitzt: „Je leerer, je kälter, je sterbender (…), desto mehr drängte es in ihn, eine Glut in sich zu wecken" (21). Schwankend und die Eindeutigkeit verlierend wird mit Zeit- und Raumangaben umgegangen: „viel Zeit brauchte" – „einen Abhang hinunterzuklimmen" (5), „Himmel und Erde verschmolzen" (6) u. a. Ein Höhepunkt des Einsatzes von Antonymen wird im Kunstgespräch erreicht, denn auch Kunstschönheit entsteht nur aus Spannungen, Gegensätzen und Veränderung. Die Schönheit ist am höchsten dort, wo Natur und Kunst identisch werden: Lenz berichtet von einer Mädchengruppe höchster Schönheit, die man hätte in Stein verwandeln müssen; aber wie sie sich erhob und ging,

Kunstgespräch

„war es wieder ein anderes Bild. Die schönsten Bilder, die schwellendsten Töne, gruppieren, lösen sich auf. Nur eins bleibt, eine unendliche Schönheit, die aus einer Form in die andre tritt, ewig aufgeblättert, verändert, man kann sie aber freilich nicht immer festhalten (…)" (15).

3.6   Stil und Sprache

Schönheit der Kunst entsteht aus Bewegung. Das Begriffspaar Ruhe-Bewegung geht auf Lenz zurück, der in seinem *Versuch über das erste Prinzipium der Moral*, 1771/72 in Straßburg entstanden, darin die zwei möglichen Zustände der Schöpfung sah. Er hielt die Bewegung für den angemessenen Zustand des Menschen, weil er dadurch seine Vollkommenheit entwickeln und befördern könne.

Drei Wortfelder Zu diesen Gegensätzen gehören auch drei Wortfelder, die den Text durchziehen und textbestimmend sind: das Wortfeld „Schmerz", das Wortfeld „Traum" und das Wortfeld „Wahn, Wahnsinn". Das Wortfeld „Schmerz" wird mit einem Gegensatz eröffnet: „(...) es war eine Lust, die ihm wehe tat" (6), ebenso „Wahn": Lenz' Vorstellung verlässt die Erde, die klein wurde „wie ein wandelnder Stern", das wird zum „Schattenspiel", von dem er kurz danach „nüchtern" geworden „nichts mehr" (6) wusste. Die insulare Situation und der Traum sind Ausdruck der Introvertiertheit Lenz', die zum Einsamkeitsgefühl und Isolationserlebnis führt. In Büchners Text wurde sie als Gegensatz von Gebirge (Weite des Alls) – Tal (Insel), Wirklichkeit (Tag) – Traum (Nacht) umgesetzt. Sehnsucht hatte Lenz nach dem Tag im Gebirge, gelebt wurde die Nacht im Tal. Antonyme prägen nicht nur den Text, sondern entwickeln auch zugehörige Wortfelder. Die Begriffspaare geben zuerst Natursituationen wieder, sind aber bereits in der Umsetzung in menschliche Sprache Ausdruck der Befindlichkeit der Gestalten und ihrer Beziehung zur Welt. Eine gründliche sprachliche Analyse des Textes findet sich bei Peter Kubitschek: Das Schlüsselwort des Textes heißt dabei „Ruhe",

Schlüsselwort „Ruhe" „das Morphem ‚ruh' erscheint im Text 55-mal, das oft synonym gebrauchte ‚still' 16-mal. Demgegenüber finden sich andere Morpheme, deren motivische Funktion oft hervorgehoben worden ist, in folgender Anzahl: ‚angst' 21-mal, ‚licht' 20-mal, ‚allein/

3.6 Stil und Sprache

einsam' 20-mal, ,ton' – in der Bedeutung von Klang, Geräusch
– 19-mal, ,finster/dunkel' 18-mal, ,traum' 17-mal, ,kalt' 15-mal,
,mond' 12-mal und ,sonn(e)' 8-mal."[73]

Die Auflistung zeigt polare Setzungen, mit denen Büchner arbeitete.
Sie entsprechen Naturzuständen, sind aber stets Ausdruck der see-
lischen Beschaffenheit des Dichters Lenz und indirekt des Dichters
Büchner. Dabei stimmen Natur- und menschliche Zustände nicht
überein. Wenn Lenz die Ruhe der Umgebung, zum Beispiel Waldbach und Oberlins Haus – „alles ruhige, stille Gesichter" (7), alles
Licht scheint auf ihnen zu „ruhen" (7), und die Mutter sitzt „engelgleich stille" (7) – auch „ruhig" werden lässt, er in Erinnerungen
versinkt, ist er auch von sich entfernt, „er war weg, weit weg" (7).
Erreicht er scheinbar einen Ruhezustand, ist es zumeist „Selbst-
täuschung". Sie verdichtet sich zur Beschreibung von Kälte: „alles
war ruhig und still und kalt, und der Mond schien die ganze Nacht
und stand über den Bergen" (12).

Für den Naturwissenschaftler Büchner war „Traum" zuerst eine psychologische, dann eine poetische Kategorie. In Träumen hat
Lenz seine Erinnerungen aufbewahrt. Wenn er sich verliert, „weg"
von sich ist, sich von seinem Ich getrennt hat und ins Nicht-Ich ge-
flüchtet ist, wird er „selbst ein Traum" (8), eine Erinnerung. Diese
Verwendung des Traumes als Symptom einer Krankheit hatte um
1830 Bedeutung. Man interpretierte vor allem Kunstwerke als Ergebnis von Traumerlebnissen, die Ausdruck eines Geistesfiebers,
also einer Erkrankung seien. In den Eröffnungen der beiden Teile (5,
17) versucht Lenz, mithilfe des Traumes Orientierungen zu finden.
Anfangs sucht er nach „verlornen Träumen" (5) und findet nichts,
schließlich wird das Gefundene – die Geborgenheit im Pfarrhaus –

Psychologischer
Leitbegriff
„Traum'

---

73 Ebd., S. 302.

3.6   Stil und Sprache

zum „Schatten" (7), und er selbst ist „ein Traum" (8). Beim zweiten
Gang durchs Gebirge geht er „träumend" (18), sucht nichts und
findet die Hütte.

Leitbegriffe und Umkehrungen

Büchners Text verwendet Leitbegriffe, zu denen die semanti-
schen Wendungen der Umkehrung („nur war es ihm manchmal
unangenehm, dass er nicht auf dem Kopf gehn konnte", 5; „mit den
Händen an den Himmel", S. 21; „die Häuser auf die Dächer stellen",
27) gehören. Auch der Begriff vom „ungeheuern Riss" (27) hatte
Folgen, so beim Büchner-Preisträger Volker Braun (s. S. 105 f. dieser Erläuterung). Bekannt wurde der Begriff „Riss" aus der Sammlung *Des Knaben Wunderhorn*. In dem der Sammlung beigegebenen
Aufsatz *Von Volksliedern* (1805) beschrieb Achim von Arnim, dass
Volkslieder Unterschiede überwinden könnten und deshalb gesi-
chert werden müssten:

„Riss" als Begriff für unvereinbare Gegensätze

Die Volkspoesie „kommt immer nur auf dieser einen ewigen
Himmelsleiter herunter, die Zeiten sind darin feste Sprossen, auf
denen Regenbogen Engel (sic!) niedersteigen, sie grüßen ver-
söhnend alle Gegensätzler unserer Tage und heilen den großen
Riss der Welt, aus dem die Hölle uns angähnt, mit ihrem Zeige-
finger zusammen."[74]

Im Kunstgespräch werden von Lenz Shakespeares Werken, „in
Göthe manchmal" und „Volksliedern" zugestanden, das Leben in
ihnen sei „das einzige Kriterium in Kunstsachen" (14). Arnims und
Lenz' Auffassungen korrespondieren hier miteinander, dass aber
der „Riss" und nicht die Kunst siegte, also die Hölle weiterhin gähn-
te – das Zitat wurde später von Friedrich Nietzsche variiert zum

---

74 Achim von Arnim u. Clemens Brentano: *Des Knaben Wunderhorn. Alte deutsche Lieder.* Drei Teile
    in einem Bande. Hundertjahres-Jubelausgabe. Hrsg. v. Eduard Grisebach. Leipzig: Max Hesses
    Verlag, 1906, S. 307.

3.6   Stil und Sprache

Abgrund, der zurückblicke, wenn man lange genug in ihn hinein-
schaue – und die Hoffnung auf eine volksverbundene Kunst als ver-
söhnendes Element trügerisch war. Mit Volksdichtung hatte sich
Büchner mehrfach intensiv beschäftigt, zum einen in der Studentenverbindung „Eugenia", zum anderen angeregt durch seine Freunde
Stoeber.

Büchner interessierten wissenschaftliche Grundfragen, die naturwissenschaftlicher, medizinischer, historischer oder philosophi-
scher Art waren. Das hatte begriffliche Auswirkung auf die sprachliche Gestaltung. Im *Lenz* waren es die Grundfragen

→ des Wahnsinns als Beziehungsmuster des Menschen zu
  Umwelt und Natur, dessen Ursachen in Entfremdung und
  Selbstentfremdung liegen;
→ der Krankheit als Reaktion auf soziale Vereinsamung und Isolation und
→ die Ablösung göttlicher Erlösung und Jenseitsvertröstung durch
  eine materialistische Weltbetrachtung.

Das bedeutete in allen drei Fällen Widerspruch gegen vorhandene
und herrschende Prinzipien und äußerte sich als Umkehrung des
Gewohnten („[...] nur war es ihm manchmal unangenehm, dass er
nicht auf dem Kopf gehn konnte", 5), das dadurch absurd wird. Lenz
fühlt sich sinnlos in einer sinnlosen Welt; damit sind charakteris-
tische Merkmale der Selbstentfremdung vorhanden, die Büchner
in dem Begriff des „Fatalismus" verdichtete. Dafür verwendete er
entsprechendes Wortmaterial: Der letzte Absatz des Textes wird
vom Wortfeld „gleichgültig" geprägt: „Resignation" – „einerlei" –
„gleichgültig"– „keine Ahnung, kein Drang" (30 f.). Kontrastiert
werden der Zustand und das Gefühl von Gleichgültigkeit von einer
in blauer Farbe erscheinenden Landschaft mit einem roten Himmel:
„tiefblaue Kristallwelle" – „bläuliches Gespinst" ↔ „Abendrot" –
„rote Strahlen" (30 f.).

Wissenschaftliche
Grundfragen
und sprachliche
Gestaltung

Merkmale der
Selbstentfrem-
dung

3.6 Stil und Sprache

Blau versus Rot

In der Farbsymbolik stehen sich beide Farben konträr gegenüber, da sie unterschiedliche Nervenzustände signalisieren: Blau steht für Ruhe, Konzentration und Besonnenheit, Rot für Erregung, Aktion und Erotik. Lenz ist zwischen diese Pole geraten, wodurch in ihm „eine entsetzliche Leere" (31) entstand, Ausdruck seiner absurden Situation. (Auf Büchners Bedeutung für die Entwicklung des absurden Theaters wird hier nicht eingegangen.)

Alliterationen und Assonanzen

Unter den von Büchner verwendeten sprachlichen Mitteln fallen die Alliterationen (w-Alliteration: „Wolken wie wilde wiehernde Rosse", 5) und die Assonanzen (i-Assonanz: „Licht über die Gipfel in die Täler schnitt", 5) auf, die bei der Beschreibung von Naturzuständen eingesetzt werden, mit Nachdruck in den Eröffnungen der beiden Teile (5, 17). Erneut sind es beim Beginn des 2. Teils eine w-Alliteration („[...] wenig Wald [...] und weiter hinaus in die weite rauchende Ebene, in der Luft ein gewaltiges Wehen", 17) und eine i-Assonanz („Er ging allein zurück. Er durchstrich das Gebirg in verschiedenen Richtungen [...]", 17).

Sprachliche Wendungen erinnern an Tiecks Novelle *Der Aufruhr in den Cevennen*[75], Tiecks Hauptgestalt, Edmund, zeigt wie Lenz Züge von Wahn und Verwirrung („Er lief an mir vorüber [...] und sah mich mit dem ganz eigenen grimmigen Blick an [...]", 240). Naturschilderungen sind bei Tieck sprachlich ähnlich gestaltet: „(...) da fuhr aus der finstern Wetterwolke ein roter Blitz nieder und erleuchtete seltsam die Weingebirge umher, gleich darauf erkrachte ein so ungeheurer Schlag, dass das ganze große Haus zitternd erdröhnte." (240) Dass Szenen aus *Lenz* eine Entsprechung bei Tieck finden könnten, wurde vermutet: Werke, die Büchner nachhaltig interessierten, hinterließen Spuren „im Schreiben Büchners"[76].

---

75 Ludwig Tieck: *Werke*. Hrsg. von Gotthold Ludwig Klee. Leipzig und Wien: Bibliographisches Institut o.J. (um 1900), 3. Band, S. 217–457.
76 Neuhuber, *Georg Büchner. Das literarische Werk*, S. 89.

3.6 Stil und Sprache

Zu Unterschieden zwischen Oberlins Bericht und Büchners Erzählung

Der entscheidende Unterschied zwischen dem Ich-Bericht Ober- Unterschiedliche
lins, nach der Textversion aus Stöbers Erstdruck (vgl. 73 ff.), und Schreibintention
der personalen Erzählsituation Büchners entsteht aus der unterschiedlichen Absicht: Oberlin legte in einem Bericht Rechenschaft
über den Aufenthalt Lenzens ab, auch um nachzuweisen, dass er
im Umgang mit Lenz alles richtig gemacht habe (vgl. 49). Büchner
bot eine Erzählung über den an sich und der Welt verzweifelnden
Dichter Lenz sowie eine Studie über zunehmende Verzweiflung und
Verwirrung, die den Leser zum Mitleiden führt.

Diesem grundsätzlichen Unterschied folgen andere: Aus einem
Satz Oberlins („Den 21. ritt er mit mir nach Belmont …", 36) wird bei
Büchner eine umfangeiche Beschreibung der Außenwelt als Kontrast zur Innenwelt Lenzens, deutlich in dem durchgehend genutz-
ten Gegensatz von Höhe und Tiefe („Mit Oberlin zu Pferde durch das
Tal; breite Bergflächen, die aus großer Höhe sich in ein schmales, ge-
wundnes Tal zusammenzogen [...]" usw.; 8). Ausführlich beschrieb
Oberlin das Ende des Aufenthaltes und den Transport Lenzens nach
Straßburg (vgl. 47 ff.), um den Nachweis zu erbringen, dass er alles
richtig vor „Gott" (49) getan habe; Büchner ist daran wenig interessiert; ihm kam es darauf an, die Leidensgeschichte des Dichters
Lenz bis zum Eintritt in den Wahnsinn zu beschreiben: „So lebte
er hin." (31) ist endgültig.

3.7 Interpretationsansätze

ZUSAMMEN-FASSUNG

→ Die Interpretationen sind zahlreich, unterschiedlich und vielgestaltig wie bei kaum einem anderen Werk der deutschen Literatur. Von prägendem Einfluss auf viele interpretatorische Möglichkeiten waren Interpreten von Franzos bis Wolfgang Wittkowski und Hans Mayer.

→ Während einerseits Büchner überwiegend als Realist und Atheist verstanden wird, gibt es auch die Außenseitermeinung, er sei ein Romantiker und entschiedener Christ gewesen und das habe sich in *Lenz* niedergeschlagen. Die romantischen Attribute erweisen sich jedoch bei Büchner als Ironisierung der Romantik.

Historischer Vorgang oder Text als Ausgang?

Gegensätzliche Deutungsmöglichkeiten

Der Stoff der Erzählung ermöglicht grundsätzlich zwei Herangehensweisen:

→ Zum einen kann man sich auf den historischen Vorgang einlassen, Lenz' Aufenthalt im Steintal, der dokumentiert ist und nachvollziehbar, auch wenn Büchner über die Fakten so wenig wie möglich informiert. Es wäre eine historisch beschreibende Interpretation, die das Werk von außen her zu verstehen versucht und Lenz und seinen Zustand als Ergebnis seiner Gesellschaft und der Geschichte betrachtet.

→ Zum anderen kann man sich auf den Text selbst ohne das historische Umfeld konzentrieren. Man sieht dann den konkreten Fall Lenzens als das Fallbeispiel eines Dichters und nähert sich damit dem Text von innen, den psychologischen Vorgängen folgend.

3.7 Interpretationsansätze

Die historisch-materialistische Deutungstradition

Es gibt kaum eine weltanschauliche oder kunstästhetische Position, die Interpreten an der Erzählung nicht versucht hätten. Historisch-materialistische Deutungen stehen gemeinhin in der Tradition des Literaturwissenschaftlers Hans Mayers, der als einer der Ersten eine Gesamtdarstellung zu Georg Büchner und seinem Werk vorgelegt hat (*Georg Büchner und seine Zeit*, erstmals 1946, erweitert 1959) und Büchners Werke aus ihrem zeitgenössischen Kontext herleitete. Bereits im ursprünglichen, später erweiterten Ansatz Mayers gestalteten die Dramen Büchners

Hans Mayer

> „zwei Formen der Revolution (…): die bürgerliche Freiheitsbewegung in *Dantons Tod*, die soziale Revolution im *Woyzeck*. So einfach und einschichtig aber lagen die Beziehungen durchaus nicht zwischen Georg Büchner und seiner Zeit."[77]

Über künstlerischen Fragen hinausgehend fand Mayer in Büchners *Lenz* prinzipielle Fragen gestellt:

> „In dreierlei Gestalt tauchen die Lebensmotive auf: in der Deutung von Lenz' Wahnsinn als Beziehungslosigkeit zu Umwelt und umgebender Natur; im großen Kunstgespräch mit seiner Hinlenkung der Grundprobleme des Büchner'schen Denkens auf die Antithese von ästhetischem Idealismus und Realismus; endlich in der Ausmündung in das Gottesproblem."[78]

---

77 Hans Mayer: *Georg Büchner und seine Zeit*. Berlin: Verlag Volk und Welt, 1946, Vorwort, S. 8.
78 Mayer, *Georg Büchner und seine Zeit* (1960), S. 266.

3.7   Interpretationsansätze

Verhältnis von
Idealismus und
Realismus

Das Verhältnis von Idealismus und Realismus war auch ein wesentlicher Ansatzpunkt für die um 1880 beginnende Rezeption Büchners (vgl. S. 93 f. des vorliegenden Kommentars).

Umdeutungen in der NS-Zeit

Aufwertung
Oberlins

Im Dritten Reich hob man Oberlin mit seiner „frommen ruhigen Kraft" (Hermann Pongs: *Dichtung und Volkstum*, 1935)[79] hervor, der den Irrenden – also Lenz – zu einem gesunden Geist zurückführe. Die totale Einsamkeit und Erstarrung Lenz' –„ruhig und still und kalt" (12) – geriet bei dieser Betrachtung zum „erhabenste(n) Augenblick der Novelle"[80]. Das Gegenteil steht aber bei Büchner. Die Tragik des Dichters Lenz wurde nicht erkannt, sollte auch nicht erkannt werden, sie passte nicht in die Zeit. Ganz ähnlich wollte Karl Viëtor 1937 Büchners *Lenz* verstehen. Lenz hoffe auf Hilfe durch Oberlins „Seelenstärke und Güte"[81]. Nirgends in der Erzählung ist aber von Lenz' Hoffnung auf Oberlin zu lesen. Es wurde die „alte(), einfache() Natur"[82] der Bauern beschworen. Dass diese voller mystisch-spiritueller Geheimnisse und tödlicher Gefahren war, wurde verdrängt.

Der Text als literarisches Kunstwerk und die Frage nach der Romantik

Oberlins Bericht
und Büchners
Erzählung

Mehrere Interpretationen gingen vom Verhältnis des ursprünglichen Berichts Oberlins zur Erzählung Büchners aus und boten faktenreiche Beschreibungen der Ausgangslage und der Verarbeitung zum Kunstwerk. Diese philologisch arbeitende Literaturwissenschaft hatte in Paul Landau ihren Ausgangspunkt, wurde von ei-

---

79 Zitiert nach: Martens, S. 140.
80 Ebd., S. 142.
81 Ebd., S. 178.
82 Ebd., S. 184.

3.7 Interpretationsansätze

ner jüngeren Generation von Literaturwissenschaftlern fortgesetzt
(Hauschild, Gersch, Thomas Michael Mayer u. a.) und findet heute in der „Forschungsstelle Georg Büchner" an der Philipps-Uni-
versität Marburg ihr Zentrum. In der Gegenwart haben die Büchner-Forschung und die Interpretation des Werkes neue Verstehens-
möglichkeiten geschaffen, die vor allem durch die Arbeiten von Jan-
Christoph Hauschild, Thomas Michael Mayer, Ariane Martin und
andere entstanden. Nach wie vor gibt es jedoch Versuche, Büchner aus seinem historischen Umfeld zu lösen und vor allem das
Bild des frühkommunistischen Denkers, Revolutionärs und Dich-   Der verdrängte
ters zu verdrängen. Auffälligstes Beispiel ist **Hermann Kurzke**, der   Revolutionär
Büchner zwar einen „geniale(n) Quellenplünderer"[83] nennt – eine
zwiespältige Beschreibung –, aber seine Genialität einem „deliri-
rende(n) Büchner"[84] zuschreibt und diese Delirien „im Wahnsinn
seines Lenz" formuliert sieht. Das ist für Kurzke, nur wenig verein-
facht, eine Begründung für den Romantiker und „bedeutende(n)
Christ(en)"[85] Büchner statt des Realisten und des Atheisten Büchner. Dabei sei Büchner ein Romantiker im Range eines Heinrich
Heine gewesen (der allerdings auch kein Romantiker war) sowie
eines E. T. A. Hoffmann. Für Kurzke gibt es dagegen für „einen
Frühsozialismusdiskurs im Werk Büchners „(…) nur wenige be-
lastbare Belege"[86]. Es gehört geradezu Tollkühnheit dazu, Büchners revolutionäre Ambitionen und weltanschaulichen Ansichten
so zu verdrängen, Kurzke bezieht zudem seine Belege aus „Imagin-
nation"[87] oder Fakten, die „experimentell (…) zu ersetzen"[88] waren.

---

83 Kurzke, S. 290.
84 Ebd., S. 279. – Allein auf S. 280 wird fünf Mal Büchners Delirium beschworen, später folgt mehr
    usw.
85 Ebd., S. 314.
86 Ebd.
87 Ebd., S. 283.
88 Ebd., S. 307 f.

3.7 Interpretationsansätze

Kurzke übersah auch, dass der Naturwissenschaftler Georg Büchner sich von der romantischen spekulativen Naturphilosophie entschieden abwendete und sich in den eigenen wissenschaftlichen Arbeiten einer empirischen Naturwissenschaft verpflichtet sah, die im 19. Jahrhundert herrschend wurde und später die europäische naturalistische Kunst bestimmte, jene Kunst, die sich entscheidend auf Büchner berief.

Romantische Requisiten als Ironisierung

Es finden sich allerdings tatsächlich zahlreiche romantische Bestandteile in der Erzählung *Lenz*: Lenz trifft bereits auf dem Weg nach Waldbach eine unheimliche und drohende Natur, die in geheimnisvollen Bildern und Bewegungen, in märchenhaften Szenen erscheint, durch Alliteration den Eindruck verstärkend: „Wolken wie wilde wiehernde Rosse" (5). In Lenz treffen Wirklichkeit und Wahn fortwährend aufeinander, die ihm eine besondere Situation schaffen, in der aus Gefühlen Krankheit entsteht. Krankheit sensibilisiert und ermöglicht ein empfindungsvolleres Fühlen. Einzelne Personengruppierungen – „schöne Gruppe" und „die schönsten Bilder" (15) – wirken wie aus romantischen Legenden bezogen. Auf Volkslieder wird angespielt, der Begriff ist zwar keine „von der Romantik geschaffene sentimentalische Fiktion"[89], sondern gehört zur naiven Dichtung, ist eine Realität und stammt von Herder, aber die Romantik hat mit dem Begriff gearbeitet. Doch diese Requisiten dienen Büchner nicht zur Rechtfertigung der Romantik, sondern er möchte sie damit ironisieren und als verwirrende und gefährdende, zum Wahnsinn führende Gefühlsbewegung entlarven. Hans Mayer hat das Romantische in Büchners Werken auf den Punkt gebracht: *Leonce und Lena*, in dem noch sehr viel mehr romantische Attribute zu finden sind als im *Lenz*, sei

---

89 Ebd., S. 312.

3.7 Interpretationsansätze

„ein Gebilde, das mit der deutschen Romantik in seiner eigentli-
chen Substanz nichts mehr zu tun hat. Dies ist nicht mehr (…) ein
romantisches Spiel auf der Grenze zwischen Kunst und Natur,
sondern eine Dichtung, die sich bewährter literarischer Rezep-
te der Romantiker zu durchaus unromantischen Zwecken be-
dient."[90]

Büchners *Lenz* ist ein genialer Text, der aus dem sachlichen Bericht Oberlins mit überschaubaren Mitteln ein Kunstwerk entstehen
ließ. Es ist aber auch das Psychogramm des an seiner Gesellschaft
leidenden Dichters, ob er nun Lenz oder Büchner heißt. Die Leiden und Niederlagen beider Dichter sind dem Text eingeschrieben
worden. Büchner hat seinem Lenz die eigenen ästhetischen Über-
zeugungen mitgegeben, den „Geringsten" (14) in der Gesellschaft
Aufmerksamkeit zu schenken – das bedeutet auch Mitleid mit ihnen zu haben –, und seine eigene psychische Beschaffenheit (die
Einsamkeit und Enttäuschung) sowie seine Naturerlebnisse; „kur-
zerhand ‚untergeschoben' wurde dem historischen Lenz etwa die
eigene Landschaftserfahrung (…)"[91].

Darüber hinaus aber wurde die Krankengeschichte Lenz' auch
als „Ausdruck nicht-privater, kollektiver Krisenzustände des gesellschaftlichen Systems zwischen den großen industriellen und politischen Revolutionen (1789–1830)"[92] verstanden. Die Aktualität der
Werke Georg Büchners im Allgemeinen und die des *Lenz* im Beson-
deren hat unter diesem Aspekt neben den ästhetischen auch soziale
und politische Gründe: „Gewissermaßen sich anstauender privater
Wahnsinn verweist auf den allgemeinen pathologischen Zustand

Psychogramm
des leidenden
Dichters

Individueller
Wahn und patho-
gene Gesellschaft

---

90 Mayer, *Prinz Leon und Doktor Faust*, S. 535.
91 Hauschild, *Georg Büchner*, S. 505.
92 Götz Grossklaus: *Haus und Natur*. Georg Büchners *Lenz*. Zum Verlust des sozialen Ortes. In:
    Recherches germaniques 12, 1982, S. 68, zitiert nach Schaub, S. 155.

3.7 Interpretationsansätze

der Gesellschaft."[93] Unter diesem Aspekt sind das Erzählfragment *Lenz* und das Dramenfragment *Woyzeck* verwandt, sie stellen die Krise und den Wahn von Personen dar, die aus unterschiedlichen sozialen Gruppen kommen. Sie sind in kurzer Zeit zwischen 1834 und 1836, nahezu parallel, entstanden, neben Büchners Untersuchung über das Nervensystem der Barben (ein Süßwasserfisch) und *Leonce und Lena*. Erst aus diesem Geflecht von naturwissenschaftlicher, ästhetischer und sozialer Analyse ist die Gesamtwirkung von Büchners Werk herauszulesen.

Wissenschaftlich exakte Krankheitsbeschreibung

Büchner hat die Krankheit Lenz' naturwissenschaftlich exakt beschrieben und poetisch verdichtet. Dabei folgte er nicht dem alten Gemeinplatz, die Welt als Tollhaus und Lenz als den Normalen vorzuführen. Lenz kommt bei Oberlin in eine Atmosphäre, die Ruhe und Beschaulichkeit, Tätigsein und Gemeinschaftsgefühl bietet. Oberlins Welt ist kein Tollhaus; diese Welt ist klein und beschränkt, ihr Kontakt ist gering, die sozialen Bewegungen scheinen erstarrt zu sein. Dadurch verstärkt sich Lenz' Krankheit. Diese Krankheit wurde später als **Schizophrenie**, genauer als Katatonie („Spannungsirresein") gedeutet und bis in die Gegenwart immer differenzierter beschrieben.[94] Büchner brachte zum medizinischen Befund die sozialen Ursachen der Krankheit ein, die in der zunehmenden Isolation des Menschen Lenz, der Überflüssigkeit seines Denkens, dem „Riss" in der Welt und in den sozialen Beziehungen bestanden. Büchner folgend wiesen zahlreiche Wissenschaftler darauf hin, dass diese Krankheit nicht der Endpunkt einer individuellen Veranlagung war, sondern „die tieferen Brüche und Widersprüche in Lenz' Leben

---

93 Ebd.
94 Damm, *J. M. R. Lenz. Ein Essay*, S. 752. Zur Nähe der Erzählung zu zeitgenössischen medizinischen Aufzeichnungsverfahren vgl. auch die Beiträge von Anz sowie Wübben in der Ausgabe der Online-Zeitschrift *literaturkritik.de* vom Oktober 2013.

3.7 Interpretationsansätze

und seiner Umwelt, seiner Zeit analysiert"[95] werden müssen, um
Lenz zu verstehen. In der Streitfrage, die sich durch die Psychiatrie-
geschichte zieht, ob Lenz' Melancholie bzw. sein Wahnsinn organi-   Herkurft des
scher oder gesellschaftlicher Herkunft sei, bezog Büchner eindeutig   Wahns nns
Position. Sein Lenz, der psychisch instabil und gefährdet bei Oberlin
ankommt, wird durch die gesellschaftliche Erstarrung in Waldbach
(Waldersbach) und die spiritistische, mystische und versponnene
Frömmigkeit der Region noch anfälliger. Die Frömmigkeit Oberlins
und seines Kreises gehörte zu dieser Erstarrung. Nicht planvolles
Handeln war in Waldbach gefragt, sondern geheimnisvolles Wirken
von Mädchen, „die das Wasser und Metall unter der Erde fühlten"
(12), die Kraft von Männern, „die auf manchen Berghöhen angefasst
würden und mit einem Geiste rängen" (12), eines „Heiligen", der
„das Wasser unter der Erde" sehen und „Geister beschwören" (alle 19) könne. Lenz wird es in dieser Umgebung „unheimlich" (19).
Er wird in diesem gesellschaftlichen Wahnsystem, das die Ruhe
in Oberlins Reich überlagert und dominiert, noch kränker, weil es
ihm nicht gelingt, dieses Wahnsystem für sich zu der Normalität
zu machen, die es für Oberlin ist: Lenzens Wunsch, predigen zu
dürfen, ist Selbstbetrug. Sein Erweckungsversuch eines toten Kindes scheitert ebenso, wie man seine Büßerverkleidung nicht ernst
nimmt (21, 25). Leid, Schmerz und Tod sind für die Bewohner des
Steintals gottgewollte Fügungen, wie ihnen Oberlin vermittelt. Lenz
sieht es anders und möchte es ändern, seine Versuche misslingen
jedoch.

Naturwissenschaftliche und poetische Interessen Büchners gin-   Naturwissen-
gen in der Erzählung eine Symbiose ein. Die Naturwissenschaften   schaftliche
hatten nach 1800 an Bedeutung gewonnen und waren aus der Bin-   und poetische
dung an die spekulative Naturphilosophie herausgetreten. Empiri-   Interessen

---

95 Damm, *J. M. R. Lenz. Ein Essay.* S. 752.

3.7 Interpretationsansätze

sche Studien und planmäßige Experimente bestimmten das Profil.
Wie weit sich Dichtung und Naturwissenschaft vereinigen konnten,
hatte Goethe vorgelebt. Selbst dort, wo Irrtümer am Ende der expe-
rimentellen Untersuchungen standen, wie in Goethes *Farbenlehre*,
blieben die Ergebnisse als poetisches Thema präsent. – Lenz' Wahnsinn schlägt sich einerseits in einem detaillierten Krankenbericht
nieder, andererseits entstehen aus dieser Krankheit die künstlerischen Visionen. Dass Genie und Wahnsinn sich bedingten, war ein
Thema der Zeit.[96]

**Ästhetik des
Hässlichen**

Lenz verkündet eine Ästhetik des Hässlichen, die er im Kunstgespräch mit Kaufmann vorstellt und erläutert. Diese Ästhetik hatte
entscheidende Folgen: Sie öffnete den Blick für schmerzliche soziale Widersprüche, wie sie Büchner im *Hessischen Landboten* zu
sozialen und ökonomischen Verhältnissen beschrieben hatte und
womit er politische Folgen auslösen wollte, die nicht eintraten. Diese
Ästhetik umriss eine Widerspiegelungstheorie, wie sie der Naturalismus fünfzig Jahre später zur Perfektion führte. Der Grundsatz
war, dass der zu gestaltende Ausschnitt aus der Wirklichkeit nicht
vom dichterischen Temperament abhängig sei, sondern vom Zufall. Büchner legt Lenz ein künstlerisches Prinzip in den Mund, dass
sich gegen „die idealistische Periode" (14) stellt, womit die deutsche
Klassik und ihre unmittelbaren Nachfolger gemeint sind. Statt der
dort behandelten Themen müsse der Künstler einmal versuchen,
„sich in das Leben des Geringsten" zu senken und dieses Leben
„in den Zuckungen, den Andeutungen, dem ganzen feinen, kaum
bemerkten Mienenspiel" wiederzugeben (14). Klarer formulierten
es fünfzig Jahre später auch die deutschen Naturalisten nicht. Sie
trieben das Prinzip allerdings unter den immer umfassender wer-

---

96 Vgl. die Auflistungen in Cesare Lombroso: *Genie und Irrsinn in ihren Beziehungen zum Gesetz, zur
Kritik und zur Geschichte* (1869). Leipzig: Philipp Reclam jun., o. J., S. 5 ff.

3.7 Interpretationsansätze

denden Erkenntnissen der Naturwissenschaften bis zur einfachen Formel „Kunst = Natur − x" (Arno Holz) und hatten andererseits auch das Mitleid mit den Leidenden als eine der wenigen Reaktionen zur Verfügung.

Büchners Antwort auf Goethes Lenz-Bild

Büchners Erzählung wollte auch eine Antwort auf Goethes Lenz-Bild sein. Die Vielzahl von Nennungen Lenz' in Goethes autobiografischen Schriften, die ausführlichen Darstellungen in *Aus meinem Leben. Dichtung und Wahrheit* (3. Teil, 1814) und die Erwähnungen in Entwürfen des Weimarers sind ein Zeichen dafür, dass Goethe die Begegnungen mit Lenz zeitlebens intensiv beschäftigten. Die Ursache lag in der Ähnlichkeit zwischen beiden Dichtern, die Goethe aber später durch eine einseitige und zugespitzte Darstellung zu seinen Gunsten verschoben hatte. Er legte größten Wert darauf, dass sein Lenz-Bild das in der Öffentlichkeit bestimmende wurde. Goethe verhinderte sogar, dass andere Materialien, die dieses Bild hätten stören können, publiziert wurden; „seine Darstellung und Abtönung des Geschehens prägte die gültige Form für das Gedächtnis der Nachlebenden (…), dem künftigen Geschichtsschreiber gleichsam bedeutend, wie er diesen Ablauf von Geschehen zu sehen und auszulegen habe"[97]. Goethes Beschreibungen von Lenz schilderten einen Menschen, der mit „blonden Locken" (7) ausgestattet war, „klein, aber nett von Gestalt" war, der „kleinere Gedichte" schrieb und diese „sehr gut" vorlas, zudem „eine fließende Hand" schrieb.[98] Was wohlwollend schien, war freilich **abwertend gemeint**, denn neben dem bedeutenden Dichter und Staatsmann Goethe wirkte eine

Goethes und Büchners Lenz-Bild

„Klein, aber nett von Gestalt"

---

97 Mayer, *Georg Büchner und seine Zeit*, S. 257.
98 Goethe: *Aus meinem Leben. Dichtung und Wahrheit*. In: Ders.: Poetische Werke. Berliner Ausgabe, Bd. 13. Berlin: Aufbau-Verlag 1960, S. 533.

3.7   Interpretationsansätze

„Whimsical"

solche Beschreibung klein und beiläufig. Zusammenfassend nannte er Lenz' Sinnesart „whimsical", was mit „grillenhaft, wunderlich, launisch" nur ungenau übersetzt werden kann. Goethe verwendete es mit deutlich negativer Konnotation. Sie bestimmte alle anderen Äußerungen über Lenz, in denen Begriffe wie **„sonderbar" und „merkwürdig"** auftauchen.[99] Aus Goethes Perspektive war Lenz ein netter Mensch von etwas Begabung, der im Übrigen alles tat, um Goethe zu schaden. Selbst wenn sich Lenz um die Publikation eines seiner Werke kümmerte, waren das nur Versuche, „wodurch er mir [Goethe; R. B.] zu schaden und mich beim Publikum in üblen Ruf zu setzen die Absicht hatte"[100].

Goethes *Werther*, Lenz' *Waldbruder*, Büchners *Lenz*

Büchners Erzählung war ebenso eine Antwort auf Goethes *Leiden des jungen Werther* und zugleich eine Auseinandersetzung mit Lenzens Briefroman *Der Waldbruder ein Pendant zu Werthers Leiden* (nach Lenz' Tod von Schiller in den *Horen* 1797 veröffentlicht). Lenz hatte das Fragment wahrscheinlich während seines Weimar-Bad Berka-Aufenthaltes 1776 aufgeschrieben, sich in dem Waldbruder Herz selbst porträtiert und in Rothe Goethe. Lenz verarbeitete eigene biografische Ereignisse und schenkte das Manuskript Goethe, dem es sicherlich nicht angenehm war. Was Lenz beschreibt, sind Zustände, die denen des Büchner'schen Lenz ähnlich sind: Herz hat kein Glück in der Liebe, trifft bei sich und bei Freunden auf Zeichen des Wahns und endet: „Es gibt Augenblicke, wo mir's so dunkel in der Seele wird, dass ich wünschte –"[101].

Büchners Korrektur des Lenz-Bildes

Die Ähnlichkeit von Goethes *Werther* und Büchners *Lenz* liegt in den Situationen, der Unterschied in deren Meisterung: Büchner korrigierte das Bild, das Goethe von Lenz entworfen hatte. Das

---

99   Ebd., S 643.
100 Ebd., S. 697.
101 Jakob Michael Reinhold Lenz: *Werke und Briefe in drei Bänden*. Hrsg. von Sigrid Damm. Leipzig: Insel-Verlag, 1987, Bd. 2, S. 412.

3.7 Interpretationsansätze

Schicksal Werthers war eine Spiegelung des Schicksals Goethes,
wobei die Kunstfigur Werther das tat, was ihr Schöpfer vermied: Sie
nimmt sich das Leben. Diesem Schicksal steht das von Büchners
Lenz diametral entgegen: Es ist das geschichtlich nachvollziehbare
Schicksal des Dichters und nicht das einer Kunstfigur. Der
Unterschied ist nicht zu übersehen: Goethes Werther erhielt sich
seine Selbstbestimmung und konnte sie bis zum Selbstmord
verteidigen, auf den Goethe selbst verzichtete; Lenz hat diese
Selbstbestimmung verloren, und seine Selbstmordversuche sind
Ausdruck der Krankheit, nicht erkämpfte Selbstbehauptung: „Die
halben Versuche zum Entleiben, die er indes fortwährend machte,
waren nicht ganz ernst' (29). – Büchner kannte Goethes Aussagen
über Lenz. In der Beschreibung der physischen Erscheinung Lenz'
bediente er sich bei Goethe: „die blonden Locken" (7); Goethe
beschrieb „ein allerliebstes Köpfchen (…) blonde Haare, kurz, ein
Persönchen, wie mir unter nordischen Jünglingen von Zeit zu Zeit
eins begegnet ist"[102]. – Mit der Nennung Friederikes (24) wird
ebenfalls an Goethe erinnert und auf ein Ereignis gedeutet, das
Goethe vorgeworfen wurde. Büchners Antwort auf Goethes Lenz-
Bild entsprach der Reaktion des *Jungen Deutschland* auf Goethe;
nach 1820 entstand „eine allgemeine Front gegen den Großen in
Weimar"[103].

---

102 Goethe: *Aus meinem Leben. Dichtung und Wahrheit*. In: Ders.: Poetische Werke. Berliner Ausga-
     be, Bd. 13. Berlin: Aufbau-Verlag 1960, S. 533.
103 Vgl. Walter Dietze: *Junges Deutschland und deutsche Klassik*. Zur Ästhetik und Literaturtheorie
     des Vormärz. Berlin: Rütten & Loening, 1958 (Neue Beiträge zur Literaturwissenschaft, Bd. 6),
     S. 11.

4. REZEPTIONSGESCHICHTE

ZUSAMMEN-
FASSUNG

Büchners *Lenz* ist einer der berühmtesten literarischen deutschen Texte. Die Literatur über ihn ist unüberschaubar, ebenso seine Wirkung; er war außerordentlich folgenreich: Das betrifft eine gesamte Bewegung wie den Naturalismus, aber auch einzelne Autoren (von Gerhart Hauptmann bis zu Christa Wolf, Peter Schneider und Rainald Goetz), Gattungen, von denen Büchners Text adaptiert wurde, und selbst für Lebensmaximen diente er. Die anhaltende Wirkung wird auch durch aktuelle Filme im Anschluss an Büchners Erzählung belegt (2006 und 2009). Dabei begann die Rezeption nach der Erstveröffentlichung 1839 zunächst verhalten.

Die Rezeption der Erzählung hat seit Ende des 19. und besonders im 20. Jahrhundert unüberschaubare Maße angenommen, über die Abrisse[104] und mehrbändige Dokumentationen[105] Auskunft geben, ohne Vollständigkeit aufzuweisen. Es können hier nur wenige Hinweise gegeben werden.

Die Rezeption im 19. Jahrhundert

Erstveröffent-
lichung 1839

Eine Aufnahme von *Lenz* fand zu Lebzeiten Büchners nicht statt, die Erzählung wurde erst 1839 unter dem Titel *Lenz. Eine Reliquie von Büchner* im *Telegraph für Deutschland* (redigiert von **Karl Gutzkow**, Zweiter Band, Hamburg) in acht Fortsetzungen (Nr. 5, 7–11, 13–14) publiziert, zwei Jahre nach Büchners Tod. Gutzkow,

---

104 Vgl. Neuhuber, *Zur Rezeption der Lenz-Erzählung Georg Büchners*, S. 65–79.
105 Vgl. Goltschnigg, Bd. 1.

der einzige Schriftsteller von Rang, mit dem Büchner korrespondierte, wählte als erfahrener Journalist eine geschickte Einkleidung. Er versah Büchners Text mit einem Vorwort, in dem er zuerst des „zu früh gestorbenen Genies" Büchner gedachte, dann „des bekannten Dichters der Sturm- und Drangperiode" Lenz. Damit war Lenz in eine Tradition gestellt. Dann machte Gutzkow auf den außergewöhnlichen Umstand aufmerksam, dass „Lenz, Mitglied einer als frivol und transcendent bezeichneten Literaturrichtung, (…) in Beziehung gestanden hat zu dem durch seine pietistische Frömmigkeit bekannten Pfarrer Oberlin im Steinthal"[106]. Diese Konstruktion eines Gegensatzes entsprach zwar nicht völlig den Tatsachen, war aber ein journalistisches Mittel, um Leser zu gewinnen. Im Nachwort wies Gutzkow auf die Naturschilderungen, die Seelenmalerei und die Verwandtschaft der Dichter hin.

Gutzkows Anmerkungen

1850 erschienen die *Nachgelassenen Schriften*, herausgegeben von Georg Büchners Bruder **Ludwig Büchner**. Er hatte allerdings den Text des *Lenz* verändert und den *Woyzeck* gar nicht aufgenommen, die Interessen der Familie und Ludwigs ästhetisches Empfinden waren der Maßstab. Die Ausgabe diente lange als Textgrundlage. In den Rezensionen zu dieser Ausgabe fiel der Literaturkritiker **Julian Schmidt** (1818–1886) auf, der sich auf die extremste, eine „idealistische Position" begab und forderte, dass die Literatur Menschen nur ideal darstellen solle. Er hielt die Darstellung des Wahnsinns dagegen für eine unkünstlerische Aufgabe und „für den Einfall einer krankhaften Natur"[107]. Trotzdem anerkannte er Büchners Bedeutung für die Literatur.

Herausgabe durch Ludwig Büchner 1850

Büchner aus idealistischer Sicht

---

106 Zitiert nach: Dedner, S. 92 f.
107 Julian Schmidt: *Georg Büchner*. Nachgelassene Schriften von G. Büchner. In: Die Grenzboten 10. Jg., Bd. 1, Nr. 4 (Leipzig 1851) S. 121–128, hier: 122. Auch unter: http://buechnerportal.de/dokumente/textdokumente/wz-1660 (Stand: April 2016).

Karl Emil Franzos 1879 und die Naturalisten

   Entscheidend für die Wirkung Büchners war der österreichische Schriftsteller und Publizist **Karl Emil Franzos** (1848–1904). Er gab nicht nur 1879 die erste Büchner-Gesamtausgabe heraus, sondern schrieb auch eine Biografie. *Dantons Tod* hielt Franzos für die bedeutendste Leistung Büchners; er sah darin eine politische Dichtung von ähnlicher Bedeutung wie *Der Hessische Landbote*.[108] Die Ausgabe wurde von den jungen Naturalisten gelobt, sie sahen ihre Theorie durch *Lenz* bestätigt:

> „Erst jetzt ist die Möglichkeit geboten, ein erschöpfendes Charakterbild dieses Geistesverwandten Kleists, Grabbes und Hebbels zu entwerfen und ein endgültiges Urteil über seine dichterische Wirksamkeit zu fällen (…) Er schafft, wie die Natur schafft, getreu ihren Gesetzen."[109]

In der Zeitschrift *Im neuen Reich* bescheinigte eine Rezension der Ausgabe eine „Hinneigung zum Realistischen, Natürlichen und ein Hass gegen den Idealismus, der ihn manchmal mehr als zulässig von dem idealen Standpunkte der Kunst entfernt."[110]

Büchner und Lenz bei den Naturalisten

   Die deutschen Naturalisten führten Ende des 19. Jahrhunderts die Annäherung von Kunst und Naturwissenschaft in ihren ästhetischen Überlegungen fort und verwendeten frühzeitig den Begriff der „jüngsten deutschen Literaturströmung", bezeichneten sich als „jüngstes Deutschland", manchmal sogar als „jüngstdeutschen Sturm und Drang". Sie bekannten sich immer wieder zu Georg

---

108 Einleitung zu: *Georg Büchner's sämmtliche Werke und handschriftlicher Nachlaß. Erste kritische Gesammtausgabe.* Eingeleitet und herausgegeben von Karl Emil Franzos. Frankfurt am Main 1879, S. CLIII f.
109 Fritz Lemmermayer: *Georg Büchners Sämmtliche Werke.* In: Das Magazin für die Literatur des In- und Auslandes, 50. Jg., hrsg. von Eduard Engel, Leipzig, 1881, Nr. 6, S. 94.
110 *Georg Büchners sämmtliche Werke.* In: Im neuen Reich, Wochenschrift für das Leben des deutschen Volkes in Staat, Wissenschaft und Kunst, hrsg. von Wilhelm Lang, 2. Bd., Leipzig 1880, S. 1006.

Büchner und Lenz, der bei ihnen „Reinhold Lenz" hieß, und schrieben so Traditionen fest. **Wilhelm Arent** (1864–nach 1913), ein wohlhabender Mitstreiter des Naturalismus und Lyriker, der selbstlos Dichtern wie Peter Hille half, veröffentlichte nicht nur fiktive Lenz-Gedichte, sondern sah sich sogar als Inkarnation und Wiederkehrer des Sturm-und-Drang-Dichters. 1887 sprach **Gerhart Hauptmann** im Verein „Durch!" über Büchner und las aus *Lenz*. Hauptmann entdeckte allerdings jedoch nicht, wie oft behauptet wird, Georg Büchner für die Naturalisten, denn der war ihnen bereits seit Franzos' Ausgabe bekannt. Für Hauptmann war es eine Probe vor dem Verein, deren neues Mitglied er war. Büchners Werke hatten ihm, wie er 1937 in seiner Autobiografie[111] schrieb, „gewaltigen Eindruck gemacht. Das unvergleichliche Denkmal, das er nach nur dreiundzwanzig Lebensjahren hinterlassen hat, die Novelle *Lenz*, dass *Wozzeck*-Fragment (sic!) hatten für mich die Bedeutung von großen Entdeckungen."[112] Wirkungen sind in der Mystifizierung der Natur in Hauptmanns *Bahnwärter Thiel* nachzulesen. Eine der „literarischen *Lenz*-Bearbeitungen"[113] ist Hauptmanns Erzählung jedoch nicht. In Hauptmanns naturalistischem sozialem Drama *Vor Sonnenaufgang* (1889) kann man Parallelen in einem Gespräch zwischen Loth und Hoffmann über die Funktion von Kunst[114] zum Kunstgespräch in *Lenz* finden.

---

111 Die Aussagen der Autobiografie sind mit Vorsicht zu betrachten, denn einmal schrieb sich Hauptmann seine Wunschbiografie, die zahlreiche Fakten veränderte, zum anderen nahm sie Rücksicht auf die Zeitverhältnisse von 1937.

112 Gerhart Hauptmann: *Das Abenteuer meiner Jugend*. In: Ders.: Sämtliche Werke (Centenar-Ausgabe). Bd. 7: Autobiographisches. Hrsg. v. Hans-Egon Hass. Berlin: Propyläen, 1996, S. 1061, auch: S. 1055.

113 Erb, S. 83.

114 Gerhart Hauptmann: *Vor Sonnenaufgang*. In: Ders.: Sämtliche Werke (Centenar-Ausgabe). Bd. 1: Dramen. Hrsg. v. Hans-Egon Hass. Berlin: Propyläen, 1996, S. 17 f.

Die Rezeption bis 1945

Vergleiche zwischen Büchner und Kafka

Im 20. Jahrhundert wurde Büchners *Lenz* mehrfach mit Werken Kafkas verglichen, u. a. von **Anna Seghers**. Sie habe viel von Heine und Büchner gelernt, bekannte schon die junge Seghers, und sehe „keinen großen Unterschied zwischen Büchners *Lenz* und dem *Schloss* von Kafka. Beide stellten eine düstere Zeit in bewundernswertem, schnörkellosem Deutsch dar."[115] Dieser Vergleich mit Kafka findet sich bis zu Christa Wolf wieder. – Der Romancier **Arnold Zweig**, der 1923 *Georg Büchners Sämtliche poetische Werke* herausgegeben hatte, sah 1921 in Büchner die Verbindung von klarem politischem Denken, sozialer Motivation und großem Dichter. Besonders gelungen fand er im *Lenz* die „unvergleichliche Sachlichkeit des Berichts"[116]. 1936 beschrieb er in der Emigration im *Epilog zu Büchner* das erneute Verdrängen Büchners:

> „(…) aus all den Befürchtungen für Eigentum und Besitz, die mit dem Schrecken vor dem Kommunismus verbunden sind, ließ man in Deutschland all diejenigen Mächte wieder in den Besitz des Staates und des Volkes gelangen, die Georg Büchner vor hundert Jahren zur Flucht zwangen und in die Emigration."[117]

Lenz im Dritten Reich – Beispiel der Dämonie und des Elementarischen

Die Nationalsozialisten sahen in Büchners revolutionären Ideen nur Verirrungen (Karl Vietor[118], Arthur Pfeiffer[119]), die allerdings durch die aus seiner Verzweiflung entstehende germanische Dämonie auf-

---

115 Anna Seghers: *Ansprache in Weimar* (1965). In: Dies.: Über Kunstwerk und Wirklichkeit, Bd. 1. Bearbeitet von Sigrid Bock. (Deutsche Bibliothek Bd. 3) Berlin: Akademie-Verlag 1970; S. 150.
116 Arnold Zweig: *Versuch über Büchner (1921)*. In: Ders.: Essays. Erster Band: Literatur und Theater (Ausgewählte Werke in Einzelausgaben, Bd. XV). Berlin: Aufbau-Verlag, 1959, S. 152–203, hier S. 185.
117 Arnold Zweig: *Epilog zu Büchner (1936)*. In: Ebd., S. 204.
118 Er wurde 1937 selbst von Zwangspensionierung bedroht, da er mit einer Jüdin verheiratet war, und ging nach Boston.
119 Vgl. Lukács.

gehoben werde. Vorbereitet wurde diese Rezeption unter anderem von **Friedrich Gundolf**: Im *Lenz*

> „löst und hebt (Büchner) die *Stimmung* aus dem Fug von Gestalt und Geschehen. Büchners Novellenbruchstück enthält eines genialisch überreizten Gemüts Wanderschaft in den Wahnsinn (…). Charakter und Geschick erscheinen uns nur als *Stimmungsaugenblicke*."[120]

Den Stimmungen, die Gundolf statt der naturwissenschaftlichen Analyse favorisierte, folgte Vietor. Büchner habe im *Lenz* nach „ewigen Grundwerten" gesucht. Gefunden habe er sie: „einfaches, starkes Leben ist ihm der höchste Wert für den Menschen"[121], zu finden sei das bei den „Leuten im Gebirge", sie lebten „mit dem Elementarischen, den Kräften der wirkenden Natur in der vertraulichen Nähe, die den Geistigen verloren gegangen ist". Bei dieser Deutung wird auf Mystifikationen, auf völkische Traditionen des Elementaren und Dämonischen vertraut; rationales Verständnis wird dagegen als Fehlentwicklung verstanden. In **Arthur Pfeiffers** Dissertation fand sich diese Sicht bereits im Titel: *Georg Büchner. Vom Wesen der Geschichte, des Dämonischen und Dramatischen* (1934). Radikaler als **Vietor** sah er in Büchner einen nationalsozialistischen Vordenker, dessen Fatalismus schon das Dämonische, die übermenschlichen Kräfte des Dritten Reiches vorweggenommen habe.

Büchner als NS-Vordenker?

Büchner und seine Erzählung in der Gegenwartsliteratur

Als Missbrauch bewertete der marxistische Philosoph und Literaturwissenschaftler **Georg Lukács** (1885–1971) den Umgang der

Missbrauch Büchners

---

120 Friedrich Gundolf: *Georg Büchner* (1929). In: Martens, S. 82–97, hier: 91.
121 Karl Vietor: *Lenz* (1937). In: Martens, S. 178–196, hier: 187, 184.

Faschisten mit Büchner, die dessen Verzweiflung über die „Niederlage seiner Revolutionsversuche" und seinen Entschluss, sich „‚in
das Nichts zu stellen'"[122] – die Formulierung „Er hatte *nichts*" wen-
dete Büchner auf *Lenz* an (27) – betonten. Lukács setzte dagegen,
dass Büchner seine Ansichten und Prinzipien „ununterbrochen, of-
fen und auf hohem theoretischem Niveau verkündet"[123] habe; er sah
als Kern des Realismus Büchners die „dichterische Widerspiege-
lung des Lebens in seiner Beweglichkeit, Lebendigkeit und seinem
unerschöpflichen Reichtum"[124] und belegte das mit einem Zitat Lenzens aus Büchners Erzählung (14) über den „wirklichen Realismus",
den er auf Büchner übertrug: „Hier ist der weltanschauliche Zu-
sammenhang zwischen Büchners Bestrebungen zur konsequenten,
volkstümlichen Demokratie und seinem schriftstellerischen Realismus klar ersichtlich."[125]

Büchner-
Rezeption in
der DDR

Für die Büchner-Rezeption in der DDR wurde aber nicht Lukács,
sondern **Hans Mayer** (1907–2001) tonangebend; das belegen aus
seinem Umfeld stammende Biografien Büchners, zahlreiche von
Mayer beeinflusste Schriftsteller und die Erfahrungen Beteiligter.
Die Bedeutung der Büchner-Interpretation von Georg Lukács, 1937
zum 100. Geburtstag Büchners im Exil entstanden, seit 1952 in *Deutsche Realisten des 19. Jahrhunderts* nachlesbar, wirkte nur kurzzeitig, da Lukács nach dem Ungarischen Volksaufstand 1956, zu dessen intellektuellen Führern er zählte, in der DDR verfemt war und
daher kaum noch rezipiert wurde.[126]

---

122 Lukács, S. 67, unter Verwendung eines Zitats von Viëtor. Vgl. dazu auch: Borgards u. Neumeyer,
   S. 333.
123 Lukács, S. 82.
124 Ebd.
125 Ebd., S. 83.
126 Die Aussage des Büchner-Handbuches, Lukács' Aufsatz „steuerte noch jahrzehntelang die Büchner-Rezeption in der DDR" (Borgards u. Neumeyer, S. 333, 337), hat keine Grundlage.

Eigene Werke mit Mottos aus Büchners *Lenz* zu versehen ist bis heute ein verbreitetes Verfahren; Dichter bestimmten mit *Lenz* ihre Positionen, interessierten sich für die Struktur der Erzählung, besonders für die Eröffnung.[127] Die schwer überschaubare Wirkung des *Lenz* in der Literatur ist an anderer Stelle dokumentiert.[128] Hier folgen einige Ergänzungen:

Oft wurde zwischen Lenz und Büchner kaum unterschieden: Der ostdeutsche Lyriker **Johannes Bobrowski** (1917–1965) stellte in *J. R. M. Lenz* (entstanden am 9. August 1963) drei Lebensabschnitte nebeneinander: „Das ist der niedliche Lenz./Geht durchs Gebirg./Liegt auf einer Straße (...)"[129] Auf Goethes Beschreibung wird verwiesen, Büchners Eröffnung zitiert und Lenz' schreckliche Ende in Moskau erwähnt. Bobrowski brachte seine eigene Gefährdung in das Gedicht; die sah er in der Heimatlosigkeit eines Dichters. Lebenslang versuchte Bobrowski die verlorene Heimat – Bobrowski ist in Tilsit geboren – in der Dichtung zu finden. Lenz war für ihn ein Beispiel dafür, wie ein Leben scheitert, wenn es keine Heimat hat.

Gleichsetzung von Lenz und Büchner

1967 suchte der DDR-Autor und Direktor des Literaturinstitutes Johannes R. Becher **Max Walter Schulz** (1921–1991) das *Rendezvous mit Georg Büchner*. Er habe sich – so meinte er – zu lange mit der Tatsache abgefunden, der *Lenz* sei „eine solide, moderne deutsche Prosa". Nun besann er sich auf den Beginn, „dieser Anfang besitzt den Reiz ungewöhnlichen (hier sogar des ungeheuerlichen) ästhetischen Kontrastes"[130], den er in der „hellvernünftigen" und

Rendezvous mit Georg Büchner

---

127 Vgl. dazu Ulrich Kaufmann: *Ein Vormärzdichter als Medium*. In: Hans Richter (Hrsg.): Generationen. Temperamente. Schreibweisen. Halle-Leipzig: Mitteldeutscher Verlag, 1986, S. 151 ff.
128 Schaub, S. 106 ff.; Dedner, S. 99 ff.
129 Johannes Bobrowski: *J. R. M. Lenz*. In: Ders.: Wetterzeichen. Gedichte. Berlin: Union Verlag, 1966, S. 52. – Bobrowski änderte die Folge der Namen in: J. R. M. statt: J. M. R.
130 Max Walter Schulz: *Rendevous mit Georg Büchner*. In: Ders.: Pinocchio und kein Ende. Notizen zur Literatur. Halle-Leipzig: Mitteldeutscher Verlag, 1978, S. 48.

„dunkelvernünftigen Seite" sah. Er kam dem metaphorischen Gegensatz in Büchners Text sehr nahe. Schulz umriss eine Rezeptionslinie, die von einer „tragischen Grundsituation" bestimmt werde, dem „ungeheuern Riss" (27), der durch die Welt gehe: „Das Motiv von Lenz' Irrewerden, von Büchner formuliert, reicht bis hin zum poetischen summa summarum der Angelegenheit, bis zum Adrian Leverkühn im *Dr. Faustus*"[131].

Fiktives Tagebuch von Minna Jaeglé

Im Jahr 1969 erschien **Werner Steinbergs** (1913–1992) Roman *Protokoll der Unsterblichkeit*[132] (ursprünglich: *Legende von der Unsterblichkeit*). Steinberg war 1956, dem Jahr seiner Übersiedelung in die DDR, mit dem Heine-Roman *Der Tag ist in die Nacht verliebt* bekannt geworden. Der Büchner-Roman arbeitete mit Büchners Methode, Dokument und Fiktion so zu verzahnen, dass Unterschiede schwinden. Bruchlos gelang die Verbindung von fiktiven Texten und Dokumenten. Mehr als zwei Jahrzehnte hatte Steinberg für diesen Roman Material gesammelt; bereits 1938 hatte er ein heute verschollenes Büchner-Stück *Der Landbote* verfasst. Einige Rezensenten glaubten, Steinberg habe bisher unbekanntes Material zur Verfügung gehabt. Er benutzte ein fiktives Tagebuch der Verlobten Büchners, Wilhelmine (Minna) Jaeglés, um Büchners *Lenz* vorzustellen. Büchner, so notierte Minna, habe erklärt:

> „Nun versuche ich mich an meinem Bruder Lenz. Es gibt da in Oberlins Tagebuch Passagen, die kann man nicht besser sagen; tief sehe ich in die verstörte Seele. Ich werde es machen wie bei meinem Danton: Was an Lebendigem schon fixiert ist, fixiere ich nicht neu, denn besser könnte ichs nicht; also übernehme ich es,

---

131 Ebd., S. 50.
132 Werner Steinberg: *Protokoll der Unsterblichkeit*. Roman. Halle (Saale): Mitteldeutscher Verlag, 1969.

füge es zusammen und gebe meinen Text dazwischen, verbinde
alles und mache es zu einem. Es ist schwerer, als du es denkst,
denn ich muss mich verpuppen und ganz in den andern kriechen.
Ich muss in mir die Stellen finden, die in voller Übereinstimmung
mit dem andern sind, und muss manches verschweigen, was nur
mich und mein Denken angeht. Aber was Besseres als die Natur
können wir Dichter nicht machen."[133]

Steinberg ging Büchners Beschäftigung mit Lenz nach, entwarf Dokumente der Identität beider Dichter („... sonst wäre ich verloren
wie Lenz"[134]) und begründete den Abbruch der Arbeit: Büchner, so
Steinbergs Fiktion, habe seit Gutzkows Verhaftung den *Lenz* weg-
gelegt, Minna das Bruchstück gelesen:

„So tief in die Verirrungen der menschlichen Seele, so sehr in
die Einsamkeit eines lebenden Wesens versenkte sich wohl noch
niemand. Es ist genial, ich sagte es ihm; aber er nickte nur und
meinte: trotzdem müsste er für das tägliche Brot sorgen, ich
wollte an seiner Seite wohl nicht hungern."[135]

Im gleichen Jahr veröffentlichte der DDR-Autor **Werner Bräunig**
(1934–1976) seine Erzählungen *Gewöhnliche Leute* (1969), deren
Titel auf zwei Vorbilder zurückging, auf Anna Seghers' *Kraft der
Schwachen* (1965) und Büchners *Lenz*.[136] Bräunig gab über sein
Verhältnis zu Büchners *Lenz* im Band *Prosa schreiben* (1968) Aus-
kunft. Wieder war es der erste Satz des *Lenz*, auf den sich Bräunig

Bedeutung des
Erzählanfangs

---

133 Ebd., S. 338 f.
134 Ebd., S. 351.
135 Ebd., S. 357.
136 Vgl. dazu: Rüdiger Bernhardt *Werr er Bräunig ‚Gewöhnliche Leute'.* In: Weimarer Beiträge. Ber-
     lin 1985, Heft 1, S. 97–112, zu Büchners *Lenz* S. 98 ff.

bezog: „Büchner, von dem die Seghers sagte, dass mit ihm wohl die moderne deutsche Prosa anfange – das hat auch [Arnold; R. B.] Zweig gesagt. Vielleicht fängt es wirklich mit jener *Lenz*-Novelle an."[137] Danach zitierte Bräunig ausführlich den Beginn von Büchners Erzählung und kommentierte ihn, schließlich ergänzte er ihn durch die von Lenz vorgetragenen Kunstprinzipien Büchners.

Büchners Entdeckung: die vierte Dimension des Erzählers

In dieser Zeit ging auch **Christa Wolf** (1929–2011) in der impliziten Auseinandersetzung mit den damals in der DDR maßgeblichen Vorgaben des sozialistischen Realismus der Frage nach, was die Besonderheit des *Lenz* ausmache. Büchners Prosa – für Wolf ein „Höhepunkt der modernen deutschen Prosa"[138] – sei für ihr eigenes Schreiben vorbildhaft, erklärte sie in ihrem programmatischen Essay *Lesen und Schreiben,* habe sich doch der Autor „mit wenigen Mitteln (...) selbst dazugetan":

> „Die Variante Wahnsinn – Lenz kann dem nachgeborenen Büchner nicht ganz fremd gewesen sein. Er kann sie durchgespielt haben, um ihr zu entrinnen. Die Distanz des nüchternen Beobachters, die der Krankenbericht ihm anbot, musste ihm recht sein – entäußern wollte er sich nicht."[139]

Für Christa Wolf hat Büchner damit als erster die ‚vierte Dimension' des ‚erzählerischen Raumes' entdeckt, nämlich neben den fiktiven Koordinaten der Figuren die „vierte, ‚wirkliche' des Erzählers", die „Koordinate der Zeitgenossenschaft" – sich ihrer bewusst zu sein, so Wolf, sei eine „Grundmethode moderner Prosa"[140].

---

137 Werner Bräunig: *Prosa schreiben* (1968). In: Ders.: Ein Kranich am Himmel. Unbekanntes und Bekanntes. Halle-Leipzig: Mitteldeutscher Verlag, 1981, S. 390.
138 Christa Wolf: *Lesen und Schreiben. Aufsätze und Betrachtungen.* Berlin und Weimar: Aufbau-Verlag, 1971, S. 204.
139 Ebd.
140 Ebd., S. 204 f.

Auch groteske Wirkungen gab es. Ohne Minna Jaeglé wäre Büchners *Lenz* nicht auf die Nachwelt gekommen; sie hatte das Manuskript abgeschrieben. Der zu extremen Urteilen neigende DDR-Dramatiker **Peter Hacks** (1928–2003) warf in einem Gedicht (*Büchner*, 1974) trotzdem dem Dichter die Bindung an diese Frau vor.[141] Hacks'Anliegen war, Büchner und Lenz gegenüber dem Olympier Goethe abzuwerten, da er selbst den Anspruch erhob, als neuer Goethe eine sozialistische Klassik zu repräsentieren. Die Ablehnung Büchners und Lenz durchzieht auch das theoretische Werk von Hacks, der empfahl, *Lenz* nicht einmal zur Kenntnis zu nehmen[142]. Büchners „Novellenheld Lenz (sei) ein Tieck'scher Grillenfänger."[143] Büchner war für ihn wie Friedrich Schlegel ein Gescheiterter.[144]

Für die Büchner'schen Texte sind die wissenschaftlichen, essayistischen und poetischen Arbeiten **Sigrid Damms** (geb. 1940) bedeutungsvoll. Die Biografin Christiane Goethes, Schillers und anderer beschrieb in ihrer Lenz-Biografie *Vögel, die verkünden Land* (1985) die Radikalisierung politischer Forderungen von Christian Daniel Schubert über Lenz bis zu Georg Büchner. Lenz' Schrift *Über die Soldatenehen* (1776) war nach Damms Ansicht von gleicher Sprengkraft wie Büchners *Hessischer Landbote* (1834): „Es ist der Gestus von Georg Büchner, der seinen *Hessischen Landboten* nicht mehr als Bittschrift an die Fürsten, sondern als Flugblatt an

Lenz als Grillenfänger, Büchner als Gescheiterter

Eine Lenz-Biografie

141 Peter Hacks: *Büchner*. In: Ders.: Lieder, Gedichte, Briefe. Berlin: Neues Leben, 1974, erneut veröffentlicht in: Ulrich Berkes und Wolfgang Trampe (Hrsg.): Goethe eines Nachmittags. Porträtgedichte. Eine Anthologie. Berlin und Weimar: Aufbau-Verlag, 1979, S. 78.
142 Neuhuber, *Zur Rezeption der Lenz-Erzählung Georg Büchners*, S. 65; Peter Hacks: *Die Maßgaben der Kunst*. Gesammelte Aufsätze 1959 bis 1994. Hamburg: Edition Nautilus, 1996, S. 193, 344 ff., 372 ff., 653.
143 Ebd., S. 353.
144 Ebd., S. 244.

das Volk richten wird."[145] Die Arbeit Büchners mit Oberlins Bericht
beschrieb sie schlicht, aber umfassend:

> „Lenzens Anfälle und die daraus entspringenden Handlungen
> sind Krankheit, aber sie gehören in einen höheren Zusammen-
> hang als den pathologischen. Es ist die zerrissene Welt und
> das erbärmliche Geschick des Menschen, namenlos und unaus-
> sprechbar. Büchner hätte Lenz verstanden, wenngleich er sein
> Schicksal nicht hätte ändern können."[146]

„Der dichter im
gebirg, verirrt von
seiner zeit"

Aus der Eröffnung der Büchner'schen Erzählung filterte **Ulrich Berkes** (geb. 1936) einen lyrischen Text *Lenz*:

> „Der dichter im gebirg, verirrt von seiner zeit. Die felsen ernst
> und kalte tannen. Der nebel, schwer und feucht, streicht durchs
> gesträuch, zerreißt: die gipfel liegen im blitzenden licht. Der
> dichter will hinauf ins tiefe blau und fliegen, den stein in sich
> verneinen. Die luft ist dumpf. Die stille schreit erstickend um
> den engen horizont."[147]

Naturbeschreibung
als Symbol von
Lenz' Zustand

Die Naturbeschreibung wurde in ein Symbol des Zustandes Lenz'
verdichtet, aber gleichzeitig zum Symbol der Zeit und schließlich
sogar in die grundsätzliche Frage nach dem sinnvollen Leben erhoben, denn den „stein", den man in sich verneinen soll, ist der Stein
des Sisyphos, der in Dichtung und Philosophie als Metapher für
Sinnlosigkeit verwendet wird. Ebenfalls den Beginn der Erzählung

---

145 Damm, *Vögel, die verkünden Land*, S. 209.
146 Ebd., S. 292.
147 Ulrich Berkes: *Lenz*. In: Ders.: Ikarus über der Stadt (1976), erneut veröffentlicht in: Ulrich Ber-
     kes und Wolfgang Trampe (Hrsg.): Goethe eines Nachmittags. Porträtgedichte. Berlin und Wei-
     mar: Aufbau-Verlag, 1979, S. 119.

GEORG BÜCHNER

Lenz wählte **Uwe Grüning** (geb. 1942) für sein Erinnerungsgedicht
an Georg Büchner *Zürich 1837*: „Flächen spiegelnden Schnees:/auf
dem Kopf/geht sich's zweifellos leichter/niederwärts durchs Gebirg."[148]

Auch der Büchner-Preisträger des Jahres 2000 **Volker Braun**
(geb. 1939) hat sich mehrfach zu Büchner geäußert. Die zentrale
Metapher aus Büchners *Lenz* hat der ostdeutsche Autor in seine
Unvollendete Geschichte (1975 in der DDR-Literaturzeitschrift *Sinn
und Form* erschienen) eingebaut, deren Handlung allerdings mehr
mit Ulrich Plenzdorfs *Die neuen Leiden des jungen W.* und Heiner
Müllers *Philoktet* als mit Büchners *Lenz* zu tun hat. Diese Texte gehören selbst dem Umfeld von Büchners *Lenz* an, zumal Müller 1987
bei einer Lesung in Düsseldorf *Lenz* als „Prosa aus dem 21. Jahrhundert"[149] bezeichnet hat. Brauns Hauptgestalt Karin, Tochter eines
DDR-Funktionärs, soll sich von ihrem Freund trennen, weil der Elek-
triker (zu Unrecht) als republikfluchtwillig verdächtigt wird. In dem
ideologischen Korsett der DDR fühlt sich Karin Gestalten wie Werther und Plenzdorfs Wibeau verwandt, bei denen der „Riß"[150] durch
die Welt auch der Riss ist, der durch den Menschen geht. Das wird
später zum Gegensatz von „normal" und „verrückt", spielt sich ab
zwischen „RUHE und FRIEDEN auf dem Land" und gerät damit zur
gleichen Frage, wie sie Büchners Lenz stellt.[151] Brauns Erzählung
endet aber anders: Die Hauptgestalt Karin glaubt am Ende, dass
der Mensch nur durch Arbeit ein menschliches Leben führen kann
und diese mindestens „das halbe Leben"[152] ist. Sie wird „irgend-

*„Riss" auch im
real existierenden
Sozialismus*

---

148 Uwe Grüning: *Zürich 1837*. In: Ulrich Berkes und Wolfgang Trampe (Hrsg.): Goethe eines Nachmittags. Porträtgedichte. Berlin und Weimar: Aufbau-Verlag, 1979, S. 165.
149 Zitiert nach: Hauschild, *Georg Büchner*, S. 518.
150 Volker Braun: *Unvollendete Geschichte*. In: Ders.: Texte in zeitlicher Folge. Bd. 4, Halle-Leipzig:
Mitteldeutscher Verlag, 1990, S. 34.
151 Ebd., S. 48.
152 Ebd., S. 69.

wo"[153] Arbeit bekommen, verspricht ihr zuletzt ein Genosse, ein Kind haben und mit ihrem Freund Frank eine schwierige, aber eine Zukunft erhalten.

Kultbuch der Studentenbewegung

Eines der bekanntesten Zeugnisse der Wirkungsgeschichte von Büchners Erzählung übernahm sogar den Titel, wörtliche Passagen – u. a. als Motto – und vor allem die doppelte Struktur aus Erzählerbericht und erlebter Rede: 1973 erschien **Peter Schneiders** (geb. 1940) Erzählung *Lenz*, ein Kultbuch der Generation der Achtundsechziger in der BRD. Es beschrieb das Schicksal eines engagierten Studenten, der seine intellektuellen Fähigkeiten Arbeitern zur Verfügung stellen will und selbst in den Arbeitsprozess einsteigt.[154] Schneider verwandte Textsubstanz Büchners wie Versatzstücke und machte so die Aktualität des *Lenz* deutlich. Inzwischen ist Schneiders Erzählung – wie viele der zuvor genannten Werke – historisch geworden: Sie „war Willkommen und Abschied zugleich, ein Abgesang auf die Studentenbewegung, die nach kurzer Euphorie im Dogmatismus versackte."[155]

Waldbruder Lenz

In dem Essay *Waldbruder Lenz* (1981) zeichnete der in beiden deutschen Staaten überaus erfolgreiche Autor **Christoph Hein** (geb. 1944) eine Linie des „deutschen ‚shakespearisierenden' Dramas" nach, dessen Beginn er mit Lessing, Goethes *Götz von Berlichingen* und Lenz ansetzte und in deren direkter Nachfolge er die „nachfolgenden realistischen Dramatiker (Grabbe, Büchner, der junge Hauptmann, Lasker-Schüler, Brecht, Fleißer …)"[156] sah. Aus der ungebrochenen Aufbruchsstimmung der „genialischen Dichterkreise" des Sturm und Drang wurde ein anderes Schicksal. Bei sei-

---

153 Ebd.
154 Ausführlicher vgl. Poschmann, S. 165 f.
155 Hans Christoph Buch: *Blitz aus dem Kasten.* In: Der Spiegel, 2005, Nr. 38, S. 164 (http://www.spiegel.de/spiegel/print/d-41834803.html, Stand: April 2016).
156 Christoph Hein: *Waldbruder Lenz.* In: Ders.: Öffentlich arbeiten. Essais und Gespräche. Berlin und Weimar: Aufbau-Verlag, 1987, S. 93

ner Aufzählung bezog Hein Büchners *Lenz* mit ein: „Selbstmord aus Armut, Hinwendung zum Spiritismus, völlige Vereinsamung, Wahnsinn, beständige materielle Schwierigkeiten, bitterstes Elend, ein Hungerdasein, Schwindsucht, Tuberkulose, früher, allzufrüher Tod."[157] Genauer folgte Hein dann dem Schicksal Lenz', das er schließlich leicht variiert in Büchners Worte fasste: „So lebt er hin, ein langes Sterben, fünfzehn qualvolle Jahre."[158]

Nur in einem weiteren Sinne zur Rezeptionsgeschichte von Büchners Erzählung zu zählen ist **Gert Hofmanns** (1931–1993) Novelle *Die Rückkehr des verlorenen Jakob Michael Reinhold Lenz nach Riga* (1984), denn sie setzt dort ein, wo Büchners Erzählung aufhört; sie spielt ein Jahr nach der von Büchner erzählten Episode bei Oberlin im Steintal: darin kehrt Lenz nach zwölfjähriger Abwesenheit wie ein verlorener Sohn ins Elternhaus zurück, trifft auf seinen pedantischen Vater und versucht einen bürgerlichen Neuanfang. Anders als der eher expressive Stil Büchners setzt Hofmann auf sprachliche Zurückhaltung. Der Literaturnobelpreisträger **Elias Canetti** (1905–1994) erinnert sich im 1985 erschienenen dritten Teil seiner Autobiografie daran, welch erschütternde Wirkung seine Büchner-Rezeption in den 1930er Jahren auf ihn hatte, und gibt ein Gespräch mit seiner späteren Frau Veza wieder, die Büchner als den ‚modernsten aller Dichter' rühmte, während der junge Canetti selbst im *Lenz* „das wunderbarste Stück deutscher Prosa" erkannte, vor dessen Qualität ihm sein eigener, gerade fertiggestellter Roman, *Die Blendung* (1936), „auf den ich so stolz gewesen war, (…) zu Staub und Asche"[159] zerfiel.

Versuch einer Rückkehr ins Elternhaus

„Das wunderbarste Stück deutscher Prosa"

---

157 Ebd., S. 79 f.
158 Ebd., S. 89.
159 Elias Canetti: *Das Augenspiel. Lebensgeschichte 1931–1937.* München/Wien: Hanser, 1985, S. 19.

Von der anhaltenden Aktualität Büchners zeugt nicht zuletzt der jährlich zugesprochene **Georg-Büchner-Preis**, der erstmals 1923, seit 1951 von der Deutschen Akademie für Sprache und Dichtung (Darmstadt) verliehen wird; er gilt als der bedeutendste deutsche Literaturpreis. So hieß es etwa über den Preisträger von 2015, **Rainald Goetz** (geb. 1954), der wie der Namensgeber des Preises den Schriftsteller mit dem Mediziner vereinigt, in der *ZEIT*: „Wenn Büchners Lenz im Gebirge verrückt wird, dann ist Rainald Goetz der Lenz in der Großstadt, der versucht, nicht irre zu werden. Wobei hier überhaupt die Frage ist, wer irre ist, wer ist drinnen und wer draußen, wer ist Insasse und wer nicht: ‚So spricht das neue Geschlecht. // Verrücktheit / Der Blödsinn, die Zerstreutheit, die Faselei / die eigentliche Narrheit / Tollheit oder der Wahnsinn // Verlorenheit als Einzelne‘, so steht es in Irre, dem ersten Roman, den der promovierte Mediziner 1983 veröffentlichte."[160] Dass der Büchner-Preis allerdings keine geistesverwandtschaftliche Beziehung eines Autors zu Büchner bedeutet, wird am Preisträger des Jahres 2007 **Martin Mosebach** (geb. 1951) deutlich: Allenfalls der Blick auf Scheitern und Hässliches in der Welt ließe sich mit Büchner vergleichen, aber Mosebachs Weltsicht – er bezeichnet sich selbst als „Reaktionär" und sieht sich antidemokratisch – steht der Weltsicht Büchners diametral entgegen. In seiner Büchnerpreisrede *Ultima ratio regis*[161] stellte Mosebach den nationalsozialistischen Massenverbrecher Himmler mit Büchners Revolutionär Saint Just aus *Dantons Tod* auf eine Stufe; Saint-Justs revolutionäres Programm wurde gleichgesetzt mit Himmlers Posener Rede von 1943, in der er den Völkermord an den Juden verteidigte. Historisches

Der Lenz der Großstadt

---

160 David Hugendick: *Der Weltabschreiber*. In: ZEIT Online, 8. Juli 2015 (http://www.zeit.de/kultur/literatur/2015-07/rainald-goetz-buechner-preis-wuerdigung/komplettansicht, Stand: April 2016).
161 Martin Mosebach: *Ultima ratio regis;* http://www.deutscheakademie.de/de/auszeichnungen/georg-buechner-preis/martin-mosebach [Stand: Mai 2016].

Verständnis blieb dabei auf der Strecke. Näher an Büchner ist da schon die Österreicherin **Friederike Mayröcker** (geb. 1924), Preisträgerin von 2001, deren Dankesrede den Titel *Phantasie über LENZ von Georg Büchner, oder Gedächtnisrevolution im Steintale bei Pfarrer Oberlin in der vogesischen Wüste*[162] trug.

Gedächtnisrevolution im Steintale bei Pfarrer Oberlin

Illustrationen, Dramatisierungen, Opern, Filme

Zu Wirkung und Weiterführung gehören die Illustrationen des österreichischen Künstlers **Alfred Hrdlickas** (1928–2009) zu Büchners *Lenz*.[163] In ihnen wurde Lenz' nicht erfüllte Liebe und gescheiterte Sexualität thematisiert, die für den Dichter ein wichtiges Thema im *Hofmeister* geworden war. Sie war Teil des Scheiterns, aber auch Ausdruck einer gesellschaftlich ausgelösten Selbstvernichtung, wie sie bei Büchner mehrfach zu finden ist (*Woyzeck*, Figuren aus *Dantons Tod*) und sich auch in *Lenz* abspielt.

Illustrationen einer gescheiterten Sexualität

Des Weiteren kam es im Anschluss an Büchners Erzählung zu Dramatisierungen, Opern und Filmen:

→ *Lenz* (1970), Verfilmung von George Moore (1971 in München uraufgeführt)
→ Helga Schütz: *Addio piccola mia*, Szenarium (1977/78, Regie: Egon Günther)
→ Wolfgang Rihm: *Jakob Lenz* (Kammeroper Nr. 2; 1979 in Hamburg uraufgeführt)
→ *Lenz* (1981), Verfilmung von Gerard Vandenberg (USA)
→ *Büchner-Projekt* (1982 am Staatstheater Dresden uraufgeführt, an drei aufeinanderfolgenden Tagen wurde der ganze Büchner, auch *Lenz*, aufgeführt)

———

162 Friederike Mayröcker: *Phantasie über LENZ von Georg Büchner, oder Gedächtnisrevolution im Steintale bei Pfarrer Oberlin in der vogesischen Wüste;* http://www.deutscheakademie.de/de/auszeichnungen/georg-buechner-preis/friederike-mayroecker/dankrede [Stand: Mai 2016].
163 Vgl. dazu Erb, S. 84 f.

Kaufmann (Richard Roberts) und Pastor Oberlin (Jonathan Best) lassen Lenz (Andrew Shore) nach Straßburg bringen – Szene aus der Oper von Wolfgang Rihm am Hampstead Theatre, London 2012 © ullstein bild – ArenaPAL / BURN Sisi

→ Heinz Joachim Klein: *Ein Mann namens Lenz. Nach der Erzählung von Georg Büchner* (ungedruckt, 1984 in Saarbrücken uraufgeführt)

→ Jürg Amman: *Büchners Lenz* (1984 in Darmstadt uraufgeführt, gedruckt 1985)

In den letzten Jahren gingen Filmschöpfer freizügig mit der Vorlage um. 2006 erschien in der Schweiz, „inspiriert von Georg Büchners *Lenz*", in der Regie von **Thomas Imbach** der Film *Lenz*. In einem Interview bestätigte Imbach, was der Film deutlich machte: Die

Gestalt des Künstlers Lenz interessierte wenig, es war vielmehr die Stimmung, die Imbach „inspirierte". So entstand eine aktuelle Lenz-Gestalt mit Auto und moderner Technik, die mit der Vorlage nichts mehr zu tun hatte, ein Lenz mit Sohn, nach dem er sich sehnt und den er besucht, und Exfrau, mit der es ein neues Glück zu geben scheint, aber es ist von kurzer Dauer. Das alles geschieht am Matterhorn, das drohend gespenstisch über der Szenerie thront, in der Lenz auch schon einmal ein Gamse stiehlt, aber dem Sohn nur die leere Hülle bringt. Das ist weit entfernt von Büchner und seinem *Lenz*.

2009 wurde, nach einer Uraufführung im Bauhaus Weimar, der Fernsehfilm *Lenz* „frei nach Georg Büchners *Lenz*" (Autor: Thomas Wendrich; Regie: Andreas Morell) im Fernsehsender *3sat* gesendet. Er verlegte die Handlung ebenfalls in die Gegenwart, bediente sich einer entsprechenden Sprache und Begrifflichkeit – bis hin zum Begriff „Wende" – und ging frei mit der Vorlage um. Auch hier steuert Lenz ein Auto, und es kommt zu einem Unfall, der die außergewöhnliche Situation in der Einsamkeit auslöst; unbekannt ist Lenz große Liebe u. a. Unabhängig von Büchners *Lenz* ist der Film ein interessantes Dokument eines wirr agierenden Menschen, von dessen Künstlerschaft kaum etwas zu spüren ist, mit dem sich aber Elemente von Schauer und Horror verbinden. Mit Georg Büchner hat er jedoch wenig zu tun. Die Handlungen beider Filme wären auch ohne den Verweis auf Büchner gut denkbar.

Andreas Morells
Lenz-TV-Film
(2009

5. MATERIALIEN

Fiktives Gespräch zwischen Lenz und Büchner

Sigrid Damm hat ein fiktives Gespräch zwischen Lenz und Büchner geschrieben, in dem die Rolle Oberlins anders erscheint. Lenz habe „menschliche Nähe" gesucht, „Nicht zu Oberlin. Zu den geringsten Kreaturen":

„Wenige Tage nur habe er, Lenz, bleiben wollen, am 20. Januar sei er gekommen, am 25. wollten ihn Kaufmann und seine Verlobte abholen und mit nach Winterthur zu ihrer Hochzeit nehmen. Seine Wunde am Fuße habe das verhindert. Statt seiner sei Oberlin mitgegangen.

Erst nach Oberlins verfrühter Rückkehr habe seine Qual begonnen. Vorgefasste Meinung, Intoleranz, vernichtende Religiosität. Wie bei seinem Vater. Das, was geschehen sei und er, Büchner, in des Pfarrers Bericht gelesen habe – Bildnis, das man sich von ihm mache und mit Detail schmücke. Oberlin schneide in sein Fleisch, schneide sein Bildnis hinein. Nicht böswillig, in zerstörerisch normaler Gutwilligkeit."[164]

Büchner und Lenz: „verirrte Deutsche"?

Büchner wurde von dem Kunsthistoriker und nationalistischen Publizisten **Arthur Moeller van den Bruck** (1876–1925) 1904, wie Friedrich Gundolf ein Vordenker der Faschisten, als „Propagandapoet" und „maroder Revolutionsheld" unter die „verirrten Deutschen" eingeordnet, zu denen nach Moellers Ansicht auch „Reinhold Lenz" gehörte. Keinen Zweifel ließ er, dass Büchner nervenkrank gewesen sei, „schwere krankhafte Züge" gehabt habe und auch an einer „Nervenkrise" gestorben sei; damit erklärte er Büchners „Verirrung", eine Revolution zu wünschen.

---

164 Damm, *Georg Büchner und Jakob Lenz*, S. 258 f.

Der Nachlass Büchners sei „wenig wertvoll", „interessant ist nur ein Novellenfragment *Lenz*, weil es zeigt, ein wie anormales Individuum Büchner auch vor sich selber gewesen. Thematisch behandelt Lenz die Wahnsinnsanfälle, die der Jugendgenosse Goethes in seiner zweiten Elsässer Zeit, nach der Weimarer Katastrophe, gehabt. In Wirklichkeit ist *Lenz* nur ein Stück Büchner'scher Autopsychologie – und zwar im Sinne nicht etwa von 1830, sondern von 1890. In der Art, wie innere Prozesse visionär und pathologisch zugleich gedeutet werden, könnte Lenz von einem allermodernsten Individualisten sein, so unhautlich, so seelisch, ich möchte sagen körperlich-durchsichtig wirkt es. Und die Sprache ist auch so nervös und sublim, mit beinahe bewusst impressionistischen Finessen durchsetzt, dass man sie einem Menschen, der sich dem Typ des Achtundvierzigers[165], nicht aber dem des Nach-Einundsiebzigers[166] näherte, gar nicht zutrauen möchte. (...) Innenbetrachtung und Außenbeobachtung sind ganz wie von uns. Und doch mischte sich, seltsam und unheimlich zugleich, auch in diesem nervösen Lyrismus des Naturforschers, der die Natur gleichsam sezierte, etwas vom Pathos des Revolutionärs, der prometheisch in sie hineinzürnte."[167]

Für die „Schicksalslinie des Deutschtums" habe Büchner keine Bedeutung gehabt, „wir können uns die Entwicklung der deutschen Dichtung eben *ohne* ihn vorstellen und *mit* ihm – es wäre gleichgültig."[168]

---

165 Anspielung auf die (gescheiterte) Deutsche Revolution (bzw. Märzrevolution) von 1848/49.
166 Anspielung auf die Gründung des Deutschen Reichs 1871.
167 Arthur Moeller van den Bruck: *Verirrte Deutsche*. (Erster Band von: Die Deutschen). Minden i. W.: J. C. C. Bruns' Verlag, 1904, S. 129–131. – Moeller van den Bruck rechnete zu den „Verirrten Deutschen" neben Lenz und Büchner Christian Günther, Maximilian Klinger, Grabbe, Hermann Conradi und Peter Hille.
168 Ebd., S. 132.

Das Fragment als „Stationendrama"

Den Streit um die Gattungsbezeichnung verfolgte die schwedische Germanistin **Bo Ullmann**. Nach einer stilistischen Analyse kam sie zu dem Urteil:

> „Man hat von Anfang an im *Lenz* perspektivische Form, Entwicklung, einen eindeutigen Höhepunkt, Spannung und Lösung vermisst und sie später nur gewaltsam hineininterpretieren können. Dafür hat sich die Auffassung der Erzählung als ‚Reihe in sich vollendeter Skizzen', als bloßes Nacheinander faszinierender Einzelheiten und wortmotivischer Feinheiten angeboten. Die hier versuchte Analyse konnte zu dem Ergebnis kommen: Ja, es ist ein wortmotivisch durchwirktes Nacheinander, ein ‚Stationendrama' wie *Dantons Tod* und *Woyzeck*, aber nicht unkonturiert, sondern im Wellenschlag der Momente jener Antithetik atmend, deren Inhalt Büchner aus der Diagnose des Wahnsinns hat ableiten können. Diese Wellenbewegung ist die Form, die an dem Fragment *Lenz* festgestellt werden kann, insofern es, als Fragment, überhaupt interpretierbar ist. Nicht die ‚handlungsreichen' Partien – mit Oberlin und anderen –, sondern die Abschnitte, wo Lenz allein ist, sind die durch ihre Intensität hervorgehobenen und von den bekannten stilistischen Mitteln markierten Schwerpunkte."[169]

Büchners Überlegenheit

Der Büchnerpreisträger **Volker Braun** beschrieb am Beispiel eines Satzes aus einem Brief Büchners an die Familie vom Juni 1833[170] und eines Satzteiles die Überlegenheit des Dichters gegenüber seinen literarischen Zeitgenossen. Der Satzteil stammte aus *Lenz* und lautete „(...) die Welt, die er hatte nutzen wollen, hatte einen ungeheuern Riss" (27). Außerdem montierte Braun Satzteile aus einem

---

169 Ullmann, S. 175 f.
170 Vgl. Büchner, *Werke und Briefe*, S. 391.

Brief Büchners[171] ein, in dem er einen „Riß zwischen der gebildeten und ungebildeten Gesellschaft" bei Gutzkow konstatierte, über den dieser nie hinauskommen werde:

„,Ich [Georg Büchner; R. B.] werde zwar immer meinen Grundsätzen gemäß handeln, habe aber in neuerer Zeit gelernt, daß nur das notwendige Bedürfnis der großen Masse Umänderungen herbeiführen kann, daß alles Bewegen und Schreien der Einzelnen vergebliches Torenwerk ist.'

Zu diesem lapidaren Satz wäre keiner der deutschen Dichter und Denker im Juni 1833 imstand gewesen – nicht einmal die ‚literarische Partei Gutzkows und Heines'. (So viel Büchner Heines unbestechlichem Witz verdankte, sein Blick war schon tiefer: in den Abgrund. Er sah den ‚Riß' in der Gesellschaft, den, wie er Gutzkow, ‚um aufrichtig zu sein', an den Kopf warf, keine ‚Tagesliteratur' kittete. Den Riß, vor dem ‚die Reform von selbst aufgehört hätte'.)"[172]

Das **Dresdner Büchner-Projekt 1982** verwandelte die Erzählung in eine Szene. Es war neben dem *Hessischen Landboten* der zweite nichtdramatische Beitrag in dem Projekt, der szenisch gestaltet wurde. Die Szene wurde folgendermaßen beschrieben:

Dresdner Büchner-Projekt 1982

„Der Theaterbesucher wurde atmosphärisch eingestimmt, da er zur Probebühne über einige dunkle Hintertreppen zu gehen hatte. Weißbekittelte Wärter sollten an Irrenhausatmosphäre erinnern. Die Bühne war ein Riesenkäfig, aus dem heraus der Lenz-Darsteller (lange vor Beginn der Handlung) das Publikum angstvoll-gebannt

---

171 Vgl. ebd., S. 434.
172 Volker Braun: *Büchners Briefe*. In: Ders.: Texte in zeitlicher Folge. Bd. 5, Halle-Leipzig: Mitteldeutscher Verlag, 1990, S. 299.

fixierte. Der Käfig als Spielort deutete auf den tragischen Endpunkt der Geschichte, ermöglichte es dem Darsteller zu zeigen, wie es zu der Zerrüttung kommt.

Der Grundeinfall der Spielhandlung beruhte darauf, dass Schizophrenie die Lenz-Figur auseinanderbricht in Körper und Geist. Diese Denkkonstruktion galt es in einen fassbaren theatralischen Vorgang zu übersetzen. So sah der Zuschauer zum einen eine Puppe auf einem Stuhl sitzen und daneben – in dem gleichen Kostüm des 18. Jahrhunderts – den Darsteller des Lenz. Kritiker verwiesen zu Recht darauf, dass für den Theaterbesucher phasenweise die Lenz-Figur mit der des Dichters Büchner zusammenfällt. Dies ist eine mögliche Sehweise. (…) Eindrucksvoll endete die Inszenierung: Der Lenz-Darsteller sprach die Schlusssätze als nicht mehr Sehender (mit zugeklebten Augen), auf einer Leiter dem Licht entgegengehend …"[173]

---

173 Kaufmann, *Annäherungen an einen Dichter*, S. 266 f.

6. PRÜFUNGSAUFGABEN MIT MUSTERLÖSUNGEN

Unter www.königserläuterungen.de/download finden Sie im Internet
zwei weitere Aufgaben mit Musterlösungen.

Die Zahl der Sternchen bezeichnet das Anforderungsniveau der
jeweiligen Aufgabe.

Aufgabe 1 *

**Skizzieren Sie das Thema der Erzählung und ihre Wirkung.
Beschreiben Sie die möglichen Gründe für Büchners Interesse daran.**

Mögliche Lösung in knapper Form:

Vom 20. Januar bis zum 8. Februar 1778 besuchte Jakob Michael
Reinhold Lenz, der heute neben Goethe als der bekannteste Dichter
des Sturm und Drang aus dem Straßburger Kreis um 1771 gilt, den
Pfarrer Johann Friedrich Oberlin in Waldersbach, einem elsässischen Vogesendorf. Freunde hatten Lenz zu dem arbeitstherapeu-
tisch erfolgreichen Pfarrer geschickt. Am 25. Januar traf auch Christoph Kaufmann mit seiner Verlobten dort ein; Kaufmann und Lenz,
die sich länger schon kannten, waren gemeinsam aufgebrochen.
Vermutlich wollte er Lenz zu seiner Hochzeit abholen. – Oberlin
wusste nicht, dass er vorgesehen war, Lenz in seinen Wahnvorstellungen zu helfen. Lenz, der nach Erscheinen seines Dramas
Der Hofmeister 1774 mit Goethe verglichen wurde, verfiel seit 1777
zeitweise in einen Zustand, der von Zeitgenossen als Wahnsinn bezeichnet wurde. Seine Liebe zur Pfarrerstochter Friederike Brion
1772, zuvor Goethes Geliebte und von diesem ohne Abschied 1771

BESCHREIBUNG

verlassen, war unerwidert geblieben, und der Versuch, beim inzwischen am Weimarer Hof angesehenen Jugendfreund Goethe 1776 Unterstützung zu bekommen, hatte zu einer Katastrophe geführt. Lenz' Schicksal wurde ein erschütterndes und auffälliges Beispiel für einen Dichter, der an sich und seiner Zeit litt und scheiterte. Er verlor immer mehr den Kontakt zu dem Gemeinwesen und wurde einsam.

Es war kein Zufall, dass Georg Büchner sich dieses Schicksals annahm und darüber eine Erzählung schrieb, die jedoch Fragment blieb, da die Zeitschrift, für die sie vorgesehen war, mit den Schriften des *Jungen Deutschland* verboten wurde. Das einzige poetische Prosawerk Büchners zählt heute zu den bekanntesten Texten der deutschen Literatur, mit beeindruckende Folgen.

Büchner fand in Lenz ein Pendant: Schließlich war auch er ein Gescheiterter. Sein *Hessischer Landbote* hatte nicht die soziale und politische Bewegung ausgelöst, die von Büchner erwartet worden war, sondern hatte vielmehr Freunde und Verbündete in schwere Bedrängnis gebracht. Das war ein Anstoß für Büchners Stück *Dantons Tod*. Die beiden Texte, die gattungstheoretisch unterschiedlicher nicht sein können – ein journalistisches Kampfblatt und ein Drama –, gehören zueinander wie ein revolutionäres Programm und das Protokoll seines Scheiterns. Mit *Lenz* zog Büchner schließlich eine literarische Konsequenz, die er im alltäglichen Leben vermeiden wollte und konnte: die Auswirkungen des Scheiterns auf das Leben eines revolutionären Denkers. Dabei bediente sich Büchner naturwissenschaftlicher und poetischer Sichtweisen, die er beide beherrschte: Lenzens Krankheit beschreibt er medizinisch korrekt als Melancholie, die sich zum Wahnsinn steigert und in die Isolation führt. Die Kunstansichten von Lenz werden mit der Wendung zum einfachen Menschen erklärt, dabei soll die Natur als Grundlage dienen und zwischen schön und hässlich kein Unterschied gemacht

werden; Büchners Lenz propagiert eine Ästhetik, die sich deutlich von der klassischen Ästhetik Goethes und Schillers abhebt: Die
Weimarer Klassik versuchte in der Kunst zu idealisieren, bediente
dabei aber auch nicht die gerade entstehende bürgerliche Unterhal-
tungskunst. Lenz' Ästhetik zielte auf eine moderne Kunst, die den
gesellschaftlichen Veränderungen des 19. Jahrhunderts Rechnung
trägt.

Es gibt in der deutschen Literatur keinen anderen Text, der – verglichen mit seinem geringen Umfang von ca. 25 Druckseiten – eine
so umfangreiche Sekundärliteratur und so vielfältige Verwendun-
gen, Bearbeitungen und Weiterführungen in neuen literarischen
oder anderen künstlerischen Werken gefunden hat wie Büchners
Lenz.

Aufgabe 2 **

**Analysieren Sie die Funktion von Natur und Landschaft
in der Erzählung *Lenz* und stellen Sie die Beziehung zur
literarischen Moderne her.**

Mögliche Lösung in knapper Form:

ANALYSE

Ein die Erzählung konstituierender Rahmen ist ausgeprägt: Lenz
tritt auf dem Weg nach Waldbach in die Natur („Gebirg") ein, begegnet ihr ständig und verlässt Waldbach, indem er aus der Natur
wieder ins Tal („Rheintal") und nach Straßburg zurückkehrt („Weg
durchs Gebirg zurück'). Das drängt zur Frage, welche Funktion
Natur und Landschaft haben.

Bei Lenz' alltäglichen Ereignissen hat sich Büchner an den Bericht Oberlins gehalten und ihn teils wörtlich verwendet. Fiktiv dagegen sind Lenz' Begegnungen mit der Natur und seine Reaktionen
auf die Natur. Hier hat Büchner das freie Spiel seiner poetischen

Kraft walten lassen und beeindruckende Kontrastsituationen ge-schaffen: Die Natur in dem Text ist metaphorisch verdichteter Aus-druck des jeweiligen inneren Zustandes der Hauptfigur. Der äußere Handlungsablauf war uninteressant; Büchner übernahm ihn ledig-lich von Oberlin. Wichtig war ihm der Versuch Lenz', aus der Isola-tion und Einsamkeit auszubrechen bzw. beides zu verhindern. Aber als Lenz bei Oberlin eintrifft, sind bereits die meisten sozialen Bezie-hungen aufgegeben worden; es bleiben für Lenz die Begegnungen mit der Natur, zumal ihn die Einheimischen für einen seltsamen Menschen halten, den man zwar duldet, mit dem man aber keine Beziehung aufnimmt. So beginnt die Erzählung mit einem titani-schen Überschwang Lenzens, der durch den Eintritt ins Gebirge ausgelöst wird und ihm ein All-Erlebnis statt des lokalen Erlebnisses suggeriert, „die Erde wich unter ihm" (6), aber das zerbricht schnell („er wusste von nichts mehr", 6). Der Vorgang wird unterlegt mit der Erinnerung an die Vergangenheit; sie führt ihn von sich selbst „weg" (7) in noch größere Einsamkeit und zum Selbstmordversuch. Mehrfach versucht Lenz, diese Entwicklung aufzuhalten oder gar rückgängig zu machen, meist verbinden sich diese Absichten mit Naturbegegnungen, ob auf dem Friedhof, ob bei mehreren Wande-rungen durchs Gebirge: Lenz setzt seine Hoffnungen auf die Natur, möchte für „Gesteine, Metalle, Wasser und Pflanzen eine Seele" (13) haben. Oberlin hat ihn bestärkt und auf die geheimnisvollen Kräfte der Natur hingewiesen. Aber die Ausbruchsversuche (Pre-digt, Gebirgswanderung, Erweckung u. a.) enden in noch größerer Vereinsamung. Am Ende ist sich Lenz in völliger Einsamkeit selbst genug; auch die Auseinandersetzung mit der Natur hat aufgehört, und Lenz entspricht einem wesentlichen Menschentyp der Moder-ne. Das endet mit seiner Überführung nach Straßburg; „Ruhe" und „Gleichgültigkeit" sind identisch geworden. Mit dem letzten Satz „So lebte er hin." (31) hat nun auch die Natur nach den sozialen

Beziehungen ihre Bedeutung für Lenz verloren. Die Isolation ist vollkommen.

Für die Auseinandersetzung Lenzens mit der Natur verwendet Büchner durchgehend den Gegensatz von Berg und Tal bzw. semantische Entsprechungen. Der Gegensatz von Berg und Tal wurde in der Dichtung des 19. Jahrhunderts zu einer verbreiteten Metapher, wobei Täler oft gleichberechtigt mit See und Wasser verwendet wurden, besonders häufig, wirksam und intensiv zum Jahrhundertende in den Dramen Henrik Ibsens (*Die Frau vom Meer, Wenn wir Toten erwachen* u. a.) und auch nach ihm noch fortwährend genutzt (Gerhart Hauptmanns *Und Pippa tanzt!*, 1906 u. v. a.). Gipfel sind eine Metapher für Geist und Bewegung, besonders zugespitzt als eisiges und tödliches Gebirge des Geistes von Friedrich Nietzsche verwendet; Täler stehen dagegen für Ruhe. Aber Ruhe und Stille sind in Büchners Text nicht erstrebenswert, sondern Bewegung scheint die Rettung des Protagonisten. Wenn Lenz zur Ruhe kommt, erstarrt er; nur in Bewegung gelangt er bis zu titanischen Ansprüchen. Bei Büchner bekommt Wasser die metaphorische Bedeutung der endgültigen, tödlichen Ruhe: Lenz will sich mehrfach in den Brunnen stürzen (8 f.), im Lied wird ein sich öffnender Brunnen ersehnt (11), und „leeres tiefes Bergwasser" (12) vermag in Hypnose zu versetzen. – Die Landschaftsbeschreibung ist auf den Zustand der Hauptperson abgestimmt. So hatte auch der wirkliche Lenz Bewegung erstrebt, weil nur sie den Menschen zur Vollkommenheit bringe. Büchners Lenz versucht sich auch anfangs in einer solchen Bewegung und „wühlte sich in das All hinein" (6), wird aber auf sich selbst zurückgeworfen. Mehrfach setzt Büchner in Briefen Täler mit Mittelmäßigkeit gleich und spricht von seinem Bedürfnis, einen Berg zu haben, der Freiheit und Aussicht biete: „Hier ist kein Berg, wo die Aussicht frei sei. Hügel hinter Hügel und breite Täler, eine hohle Mittelmäßigkeit in allem; ich kann mich nicht an diese Natur gewöhnen (...)"[174] (Brief an die Braut, November 1833).

Aufgabe 3 ***

Erklären Sie die Verwirrung und den Wahn des Dichters Lenz aus dem Text.

Mögliche Lösung in knapper Form:

ANALYSE

Bereits zu Beginn der Erzählung wird Lenz in krisenhaften Zuständen vorgestellt, hastig und die Übersicht verlierend, ein Getriebener ohne Ziel. Typische Merkmale der Melancholie finden sich bei ihm, die um 1830 als frühe Form des Wahnsinns galt. Büchner hat, wie ihm bescheinigt wurde und wird, medizinisch genau das Krankheitsbild einer – wie man heute sagen würde – schizophrenen Psychose beschrieben. Als Lenz die Naturgewalten überstanden hat und bei seinem Gastgeber, dem Pfarrer Oberlin, eintrifft, scheint ihn die dortige Atmosphäre zunächst zu beruhigen, aber in der Ruhe wird „ihm leer" (7), und er stürzt sich ins Wasser. – Oberlin erinnert sich an Lenz' Dramen, möglicherweise nimmt er sie aber nicht ernst. Seine Ausrufe des Lachens deuten darauf hin. Das wäre ein Hinweis, dass Lenzens Verwirrung nicht nur ein pathologischer Zustand ist, sondern auch die Enttäuschung über die Wirkungslosigkeit der angestrebten Sozial- und Gesellschaftskritik, die seinen beiden Stücken *Der Hofmeister* und *Die Soldaten* eingeschrieben ist. Dass diese Stücke eine solche Rolle spielen, wird von Lenz im Kunstgespräch mit Kaufmann bestätigt.

     Lenz fühlt und sieht sich von Beginn an in mehrfacher Hinsicht im Widerspruch zur Welt und den Menschen. Das ist einmal der soziale

---

174 Büchner, *Werke und Briefe*, S. 394.

gesellschaftliche Zustand, der aus seiner Sicht bedrückend ist, aber nur selten durchschimmert und vor allem über seine beiden Dramen vermittelt wird. Das ist zum anderen die eigene Gemütsverfassung, die zwischen dem Wunsch nach Bewegung und Veränderung und dem Drang nach Ruhe und Stillstand schwankt. Das ist schließlich drittens sein dichterisches Schaffen, das Lenz durchsetzen möchte gegen eine herrschende Kunst, die inzwischen die Positionen des Sturm und Drang zu Gunsten einer „idealischen" Kunst aufgegeben hat. Was nicht berichtet wird, aber mitgedacht werden kann: Es liegt auch seine Vertreibung aus Weimar nur kurze Zeit zurück, und nur wenige Monate sind seit dem Tod der von Lenz geliebten Cornelia Schlosser, Goethes Schwester, vergangen – auch hier Enttäuschungen, Niederlagen, Diskriminierungen. Nur wenige exakte biografische Daten finden sich in Büchners Text zum historischen Lenz, aber die Dramen von Lenz werden sogar zweimal genannt, einmal von Oberlin und einmal von Lenz selbst. Oberlin hat „einige Dramen gelesen" (7), Lenz möchte nicht danach beurteilt werden. Das lässt sich nur damit erklären, dass Lenz gegenüber Oberlin nicht auf diese sozial- und gesellschaftskritischen Texte festgelegt werden möchte, um den Aufenthalt zu verwirken. Er weiß um die Sprengkraft seiner Stücke: Lenz' Dramen sind ein Gegensatz zu Oberlins Lebensprogramm. Andererseits ist er auf diese Dramen stolz, wie das Gespräch mit Christoph Kaufmann zeigt. Dort polemisiert Lenz gegen die idealistische Kunst, mit der er die beginnende Klassik meint, und fordert eine Kunst, die nicht nach schön oder hässlich beurteilt wird, sondern nach der Wirklichkeit, dem Leben und der Wahrheit der menschlichen Natur. Der Idealismus sei die „schmählichste Verachtung" (14) dieser Natur. Dagegen seien sein *Hofmeister* und seine *Soldaten* Versuche in der richtigen Richtung: Sie widmeten sich dem Leben des „Geringsten" (14) und gäben es wider; es seien zudem keine idealisierten Menschen, sondern

„die prosaischsten Menschen unter der Sonne" (14), deren „Zuckungen" und deren „Andeutungen" (14) er gefolgt sei. Das ist das soziale Programm einer volksverbundenen Kunst. Aber alle Versuche, auch nur kleine Schritte zur Verwirklichung seines Programms zu gehen, misslingen Lenz: Ein totes Mädchen kann nicht erweckt werden, die Gleichgültigkeit der beteiligten Menschen wird nicht überwunden, sie „gingen gleichgültig ihrem Geschäfte nach" (21); seine Leidenschaft zu Friederike Brion kann nicht besänftigt werden, seine Beziehung zur sozialen Umwelt zerbricht immer mehr, die Vereinsamung wird größer. Nur noch stellvertretend für Oberlin predigend kann er kurzzeitig den Mitmenschen Trost spenden und ihr Elend lindern; sonst wird Lenz allgemein als Sonderling betrachtet, für den die „Leute" kein Verständnis haben, den sie aber dulden. So wird deutlich, dass für Büchner Lenzens Wahnsinn Krankheit und Zeiterscheinung ist, dass das Individuum Lenz in der Erzählung Ausdruck einer irr gewordenen Zeit ist und dass die Krankheit auch die Flucht vor dieser Zeit ist. Lenzens Wahnsinn ist in Büchners Darstellung aber auch die Folge einer Vereinsamung und Isolation, die in Ermangelung von Alternativen das Leiden der Welt auf sich nimmt und darin letztlich Befriedigung findet, weil anderes nicht möglich scheint. Das ist die Grenze, die Büchner zwischen sich und Lenz zieht: Er betrachtet und beschreibt sachlich und naturwissenschaftlich exakt dessen titanisch ambitionierte Weltverbesserung, die ihn bis zur Blasphemie treibt. Aber Büchner selbst setzt die genaue Analyse dagegen, die andere Wege öffnet. Bei aller Ähnlichkeit zwischen den Ansichten und Positionen Büchners und Lenzens wird Büchner nicht wie Lenz in Anbetracht der gescheiterten Vorhaben dem Wahn verfallen.

Aufgabe 4 ***

Beschreiben Sie das Kunstgespräch zwischen Lenz und
Kaufmann in Büchners Fragment. Stellen Sie die unterschiedlichen Positionen dar.

Mögliche Lösung in knapper Form:

BESCHREIBUNG

Der Schweizer Philosoph und Mediziner Christoph Kaufmann kennt
Lenz aus früherer Zeit und ist über seine Verhältnisse bestens informiert. Lenz hat sich im Winter 1777 einige Zeit bei ihm aufgehalten; zu der Zeit hatte er bereits seine ersten schizophrenen
Schübe (wie man heute sagen würde). Nun hat Kaufmann auf einer gemeinsamen Reise Lenz zu Oberlin vorausgeschickt und trifft
einige Tage später ebenfalls mit seiner Verlobten dort ein. Offiziell
war es Kaufmanns Anliegen, seiner Braut das Steintal zu zeigen.
Doch war es sicher auch oder sogar vor allem seine Absicht zu sehen, wie Lenz sich eingeführt und eingefügt hat, da Kaufmann doch
„seine [Lenz'; R. B.] Verhältnisse kannte" (13). Aus der Beschreibung des Besuchs wird sehr schnell die ausführliche Beschreibung
eines Gesprächs zwischen ihm und Lenz. Kaufmann ist Anhänger
der „idealistische(n) Periode" (14); der unscharfe Begriff bedeutete,
dass Kunstschönes als Kontrast der Wirklichkeit begriffen wurde.
Es ist die Zeit der entstehenden Klassik: Goethe ist seit dem 7. November 1775 in Weimar: Damit endete für ihn die Zeit des Sturm
und Drang und begannen sich in seinem Kunstschaffen klassische
Positionen herauszubilden, die allerdings erst auf der Italienischen
Reise (1786–1788) manifest wurden. Aber die Wirksamkeit Johann
Joachim Winckelmanns (1717–1768) hatte bereits begonnen und
dessen Verweis auf das antike Altertum. Der historische Lenz hatte
sich vom 3. April bis zum 1. Dezember 1776 in Weimar aufgehalten
und war von Goethe empfangen worden, hatte also diese Entwick-

lung aus nächster Nähe beobachten können. Aber Lenz in Büchners
Erzählung vertritt gegenüber Kaufmann eine gegenteilige Ansicht
zur „idealischen Periode": In der von ihm vertretenen Kunst soll die
Wirklichkeit widergespiegelt werden, keine Ideale. Die Unterschie-
de der Ansichten von Kaufmann und Lenz liegen in drei Bereichen:
Zuerst im Bereich der Widerspieglung. Während die Idealisten die
„Wirklichkeit verklären" (14) wollen, geben Stürmer und Dränger
wie Lenz die Wirklichkeit in ihrem ungeschminkten Zustand wieder.
Dann die Schönheitsvorstellungen: Die Idealisten wollen, Gottes
Schöpfung verbessernd, „was Besseres klecksen" (14); die anderen wollen Gott nachschaffen und machen dabei keinen Unterschied
zwischen schön und hässlich. Schließlich bestehen Unterschiede
im Menschenbild: Die von den Idealisten geschaffenen Menschen
seien „die schmählichste Verachtung der menschlichen Natur" (14)
und Holzpuppen, findet Büchners Lenz, die anderen (realistisch orientierten) Künstler beschäftigten sich mit dem Leben aller, auch
des „Geringsten".

   Kaufmann und Lenz belegen ihre Auffassungen mit Kunstwer-
ken: Kaufmanns „idealistische" Kunst ist in Bildwerken zu finden,
die Winckelmann lobte (15), Lenz nennt für seine Ansicht Shakespeare, Volkslieder, manches von Goethe und seine eigenen Werke
Hofmeister und *Soldaten*. (Dass es sich bei diesen Prinzipien zunächst einmal um die kunsttheoretischen Ansichten Büchners han-
delte, wird bei einem Vergleich mit dem Brief an die Familie vom
28. Juli 1835 erkennbar, in dem Büchner fast wortwörtlich diese
Positionen als die seinigen mitteilt.[175])

   Im weiteren Verlauf des Gesprächs entwickelt Büchners Lenz
seine Kunsttheorie weiter und gelangt dabei weit über seine Zeit

---

175 Vgl. ebd., S. 421–423.

hinaus. Wenn er erklärt, dass Schönheit eigentlich nur in Bewegung denkbar ist, vertritt Büchners Protagonist Kunsttheorien des ausgehenden 19. (Naturalismus) und des 20. Jahrhunderts, in denen immer wieder die Nähe der Kunst zur Wirklichkeit und zu den Naturgesetzen diskutiert wird. Maßstab ist, wie weit die Kunst wieder zur Wirklichkeit werden soll und wird. Kaufmann wirft Lenz vor, dass die Wirklichkeit und Lenz' Kunsttheorie keine Modelle für große Kunst wie „eine Raphaelische Madonna" (15) und anderes liefere. Lenz setzt holländische Maler dagegen, die die „einzigen fasslichen" seien (15). Er beschreibt zwei Bilder, eines davon zeigt Christus und die Jünger von Emmaus, ein anderes eine einfache betende Frau. Idealgestalten, die im Leben nicht zu finden sind, werden gegen schlichte Abbilder von Menschen gesetzt, die aber keine Idealgestalten sind oder werden können. Das ist aus Lenz/Büchners Sicht der Gegensatz von Klassik und Realismus.

LITERATUR

Zitierte Ausgabe:

Büchner, Georg: *Lenz.* Studienausgabe mit Quellenanhang und Nachwort. Hrsg. v. Hubert Gersch. Stuttgart: Philipp Reclam, 1984, durchgesehene und erweiterte Ausgabe 1998, 2012 (Universal-Bibliothek Nr. 8210) → Die Ausgabe enthält neben Büchners Quelle – Oberlins Bericht –, auch Goethes Äußerungen über Lenz und Paul Mertin ‚Le Passteur Oberlin' (Auszug).

Weitere Ausgaben und andere Primärliteratur:

Büchner, Georg: *Werke und Briefe.* Gesamtausgabe. Hrsg. v. Fritz Bergemann. Leipzig: Insel-Verlag (zuerst 1922, 1968: 7. Auflage); Frankfurt a. M., 1974 (12. Auflage) usw. → Nach der Ausgabe von 1968 werden Briefe usw. zitiert. Sie stellt trotz aller späteren Ausgaben und eines überholten Forschungsstandes ein gut handhabbares und sorgfältig kommentiertes Standardwerk dar. Zitiert als ‚Büchner, Werke und Briefe'.

Lenz, Jakob Michael Reinhold: *Werke und Briefe in drei Bänden.* Hrsg. v. Sigrid Damm. Leipzig: Insel-Verlag, 1987.

Lernhilfen und Kommentare für Schüler:

Bernhardt, Rüdiger: *Georg Büchner. Der Hessische Landbote.* Königs Erläuterungen 449. Hollfeld: C. Bange Verlag, 2. Aufl. 2007.

Bernhardt, Rüdiger: *Georg Büchner. Dantons Tod.* Königs Erläuterungen und Materialien 235. Hollfeld: C. Bange Verlag, 6. Aufl. 2016.

Bernhardt, Rüdiger: *Georg Büchner. Leonce und Lena.* Königs Erläuterungen 236. Hollfeld: C. Bange Verlag, 4. Aufl. 2010.

Bernhardt, Rüdiger: *Georg Büchner. Woyzeck.* Königs Erläuterungen und Materialien 315. Hollfeld: C. Bange Verlag, 5. Aufl. 2016.

Bernhardt, Rüdiger: *Georg Büchner. Lenz.* Königs Erläuterungen und Materialien 448. Hollfeld: C. Bange Verlag, 5. Aufl. 2015
→ Anders konzipierter Vorläufer der vorliegenden Ausgabe.

Dedner, Burghard (Hrsg.): *Georg Büchner: Lenz.* Neu hergestellt, kommentiert und mit zahlreichen Materialien versehen. Frankfurt am Main: Suhrkamp Verlag, 1998 (Suhrkamp Basis-Bibliothek 4) → Die Ausgabe bietet Auszüge aus August Stoebers Lenz-Biografie sowie Gutzkows Einleitung und Nachwort zum Erstdruck. Zitiert als „Dedner".

Dedner, Burghard (Hrsg.): *Büchner, Georg: Lenz.* Suhrkamp BasisBibliothek – terzio. Text, Erläuterungen und Materialien, ausführlicher Kommentar auf CD-Rom. 1998.

Erb, Andreas: *Georg Büchner, Lenz. Eine Erzählung.* München: R. Oldenbourg Verlag GmbH, 1997 (Oldenbourg Interpretationen, Bd. 87).

Hasselbach, Karlheinz: *Georg Büchner.* Literaturwissen für Schule und Studium. Stuttgart: Reclam 1997 (RUB Nr. 15212), S. 66–85.

Schaub, Gerhard: *Georg Büchner. Lenz.* Erläuterungen und Dokumente. Stuttgart Reclam 1987, durchgesehene und bibliographisch ergänzte Ausgabe 1996. 2004 (RUB Nr. 8180)
→ Hilfreich für das Verständnis des Textes, viele Wort- und Sacherklärungen ohne Interpretation.

Sekundärliteratur:
Anz, Thomas: *Krankheit und Moral – Der Fall Lenz und seine Umwertung durch Georg Büchner in medizingeschichtlichen Kontexten.* In: literaturkritik.de, Nr. 10/2013

(http://www.literaturkritik.de/public/rezension.php?
rez_id=18494, Stand: April 2016).

Arnold, Heinz Ludwig (Hrsg.): *Georg Büchner I–III.* München:
edition text + kritik, München 1979–1981 (Sonderbände aus
der Reihe text + kritik).

Borgards, Roland; Neumeyer, Harald (Hrsg.): *Büchner-Hand-*
buch. Leben – Werk – Wirkung. Sonderausgabe. Stuttgart,
Weimar: Verlag J. B. Metzler 2015.

Damm, Sigrid: *Georg Büchner und Jakob Lenz.* In: Georg Büchner:
1813–1837. *Revolutionär, Dichter, Wissenschaftler.* Ausstellung Mathildenhöhe Darmstadt, 2. August bis 27. September
1987. Basel, Frankfurt a. M.: Stroemfeld/Roter Stern, 1987,
S. 258–261.

Damm, Sigrid: *Jakob Michael Reinhold Lenz. Ein Essay.* In: J. M. R.
Lenz: Werke und Briefe in drei Bänden. Hrsg. von Sigrid Damm.
Leipzig: Insel-Verlag, 1987, 3. Bd., S. 687–768.

Damm, Sigrid: *Vögel, die verkünden Land. Das Leben des Jakob Mi-*
chael Reinhold Lenz. Berlin und Weimar: Aufbau-Verlag, 1985.

Dedner, Burghard; Glück, Alfons; Mayer, Thomas Michael
(Hrsg.): *Büchner-Studien.* Veröffentlichungen der Forschungs-
stelle Georg Büchner. Frankfurt a. M.: Athenäum, 1985 ff.,
Band 1 ff.

Goltschnigg, Dietmar (Hrsg.): *Georg Büchner und die Moder-*
ne. Texte, Analysen, Kommentar. 3 Bände. Berlin, Bielefeld,
München: Erich Schmidt Verlag 2001–02 (Band I: 1875–1945,
Band II: 1945–1980, Band III: 1980–2000).

Hauschild, Jan-Christoph: *Georg Büchner. Biographie.* Stuttgart,
Weimar: J. B. Metzlersche Verlagsbuchhandlung, 1993 → Auch
als Taschenbuchausgabe (Taschenbuchnr. 26505), vom Autor
überarbeitet: Berlin: Ullstein Buchverlage, 1997. Ausführliches
und unentbehrliches Hilfsmittel für alle, die sich genauer mit

Büchner beschäftigen wollen. Zitiert wird nach der Ausgabe
von 1993, als „Hauschild, *Georg Büchner*".

Hauschild, Jan-Christoph: *Georg Büchner. Mit Selbstzeugnissen
und Bilddokumenten dargestellt.* Reinbek b. Hamburg: Rowohlt
Taschenbuchverlag, 3. Aufl. 1997 (rowohlts monographien
Nr. 503) → Kurzgefasste Darstellung der Büchner-Biogra-
fie Hauschilds, genau und informativ unter Einbeziehung
wichtiger Sekundärliteratur.

Hinderer, Walter: *Lenz. „Sein Dasein war ihm eine notwendige
Last."* In: Georg Büchner. *Dantons Tod, Lenz, Leonce und Lena,
Woyzeck.* Interpretationen. Stuttgart: Philipp Reclam jun., 2001
(Universal-Bibliothek Nr. 8415), S. 63–117.

Kaufmann, Ulrich: *Annäherungen an einen Dichter. Zum Dresdner
Büchner-Projekt 1982.* In: Hans-Georg Werner (Hrsg.): Studien
zu Georg Büchner. Berlin und Weimar: Aufbau-Verlag, 1988,
S. 258–276.

Kaufmann, Ulrich u. a. (Hrsg.): *„Ich aber werde dunkel sein". Ein
Buch zur Ausstellung Jakob Michael Reinhold Lenz.* Im Auftrag
des Mercurius e. V. und der Kulturstiftung der deutschen
Vertriebenen. Jena: Verlag Dr. Bussert & Partner, 1996.

Kubitschek, Peter: *Die tödliche Stille der verkehrten Welt – Zu Georg Büchners „Lenz".* In: Hans-Georg Werner (Hrsg.): Studien
zu Georg Büchner. Berlin und Weimar: Aufbau-Verlag, 1988,
S. 86–104.

Kurzke, Hermann: *Georg Büchner. Geschichte eines Genies.*
München: Verlag C. H. Beck oHG, 2013 → Interpretation teils
sehr spekulativ und durch „Experimente" belegt bei Auslassung
historischer Zusammenhänge.

Loch, Rudolf: *Georg Büchner. Das Leben eines Frühvollendeten.*
Biografie. Berlin: Verlag Neues Leben, 1988.

Lukács, Georg: *Der faschistisch verfälschte und der wirkliche Georg Büchner.* In: Ders.: Deutsche Realisten des 19. Jahrhunderts. Berlin: Aufbau-Verlag, 1952, S. 66–88 → Aufsatz auch in: Martens, S. 197–224.

Martens, Wolfgang (Hrsg.): *Georg Büchner.* Darmstadt: Wissenschaftliche Buchgesellschaft, 1965 (Wege der Forschung Bd. III) → Sammlung wichtiger Aufsätze zu Georg Büchner, zum ‚Lenz' von Paul Landau, Karl Viëtor und Hermann Pongs.

Martin, Ariane: *Georg Büchner.* Stuttgart: Reclam 2007 (RUB Nr. 17670).

Mayer, Hans: *Georg Büchner und seine Zeit.* Berlin: Aufbau-Verlag, 1960; Frankfurt a. M.: Suhrkamp, 1972 (suhrkamp taschenbuch 58), 4. Aufl. 1980 → Zitiert wird nach der Ausgabe von 1960.

Mayer, Hans: *Prinz Leonce und Doktor Faust.* In: Ders.: Das unglückliche Bewusstsein. Zur deutschen Literaturgeschichte von Lessing bis Heine. Frankfurt a. M.: Suhrkamp Verlag, 1986, Berlin und Weimar: Aufbau-Verlag, 1990, S. 532–540.

Mayer, Thomas Michael (Hrsg.): *Insel-Almanach auf das Jahr 1987. Georg Büchner.* Frankfurt a. M.: Insel-Verlag, 1987.

Mayer, Thomas Michael: *Büchner und Weidig – Frühkommunismus und revolutionäre Demokratie.* In: Heinz Ludwig Arnold (Hrsg.): Georg Büchner I–II. München: edition text + kritik, München 1979–1981, S. 16–298.

Mayer, Thomas Michael: *Georg Büchner. Eine kurze Chronik zu Leben und Werk.* In: Heinz Ludwig Arnold (Hrsg.): Georg Büchner I–II. München: edition text + kritik, München 1979–1981, S. 357–425.

Neuhuber Christian: *Zur Rezeption der Lenz-Erzählung Georg Büchners.* In: Dieter Sevin (Hrsg.): Georg Büchner. Neue Perspektiven zur internationalen Rezeption. Berlin. Erich Schmidt Verlag 2007, S. 65–79.

Neuhuber, Christian: *Georg Büchner. Das literarische Werk.* Berlin: Erich Schmidt Verlag 2009 (Reihe Klassiker-Lektüren Band 11).

Poschmann, Henri: *Georg Büchner. Dichtung der Revolution und Revolution der Dichtung.* Berlin und Weimar: Aufbau-Verlag, 1983, 3. Aufl. 1988 → Die Erzählung wird in klarer und informativer Weise als „Präzedenzfall" Büchners methodisch vorbildlich vorgestellt und erklärt, S. 164–178.

Seidel, Jürgen: *Georg Büchner.* München: dtv, 1998 (portrait Nr. 31001) → Gut lesbare, etwas einseitige und in den Fakten nicht immer stimmende Biografie.

Stephan, Inge; Winter, Hans-Gerd (Hrsg.): *Zwischen Kunst und Wissenschaft: Jakob Michael Reinhold Lenz.* Bern u. a.: Peter Lang, 2006 → Darin diverse Beiträge zur Lenz-Rezeption in Literatur, Kunst und Film.

Ullmann Bo: *Zur Form in Georg Büchners ‚Lenz'.* In: Impulse. Dank an Gustav Korlén zu seinem 60. Geburtstag. Hrsg. von Helmut Müssener und Hans Rossipal. Stockholm: Deutsches Institut der Universität Stockholm, 1975

Werner, Hans-Georg (Hrsg.): *Studien zu Georg Büchner.* Berlin und Weimar: Aufbau-Verlag, 1988.

Wübben, Yvonne: *Büchners Lenz – ein psychiatrischer Fall? Aufzeichnungsverfahren in Medizin und Literatur.* In: literaturkritik.de, Nr. 10/2013 (http://www.literaturkritik.de/public/rezension.php?rez_id=18491, Stand: April 2016).

Wübben, Yvonne: *Büchners ‚Lenz'. Geschichte eines Falles.* Konstanz: Konstanz University Press, 2016 → Der Beziehung zwischen *Lenz* und der zeitgenössischen Psychiatrie wird, ausufernd und nicht immer stringent, gefolgt, die Naturalismusforschung wird kaum rezipiert, wesentliche Literatur wird vernachlässigt – Hans Mayer, Hans-Georg Werner u. a. –, andererseits auf alte Literatur – Kurt L. Tank u. a. – zurückgegriffen; so entsteht eine zwiespältige Sicht auf Gerhart Hauptmanns *Bahnwärter Thiel.*

STICHWORTVERZEICHNIS